HABLAR EN PÚBLICO CORRECTAMENTE

Paula Arenas Martín-Abril
César Porras Sendra

Copyright © EDIMAT LIBROS, S. A.
C/ Primavera, 35
Polígono Industrial El Malvar
28500 Arganda del Rey
MADRID-ESPAÑA
www.edimat.es

ISBN: 84-9764-508-1
Depósito legal: M-20467-2006

Colección: Manuales de la lengua española
Título: Hablar en público correctamente
Autores: César Porras y Paula Arenas
Diseño de cubierta: El Ojo del Huracán
Impreso en: Cofás

IMPRESO EN ESPAÑA – *PRINTED IN SPAIN*

ÍNDICE

Capítulo I

La seguridad en uno mismo

1. Desde la preparación

1.1. ¿Por qué es tan importante la preparación del discurso?

Cuando empezamos a preparar un discurso, sea del tipo que sea, puede (y seguramente así será) que nos asalten las dudas acerca de lo acertado del enfoque que debemos darle, la forma que será más apropiada o efectiva para el tema elegido, la estructura que tendrá nuestro discurso... etc. Es normal que numerosas preguntas acudan a nuestra mente llegando incluso a hacernos creer que seremos incapaces de «dar a luz» un buen discurso. Por eso hay que intentar poner un freno al discurso mental que puede desatarse y que dará lugar a que dudemos de nosotros mismos y de nuestra capacidad para llevar a buen puerto lo que aún apenas está esbozado. La inseguridad la venceremos si ya desde el momento mismo de la preparación vamos confiando en lo que estamos haciendo, por ello dedicaremos el tiempo necesario a preparar lo que después hemos de decir en público. Con la preparación, las dudas irán eliminándose, pues iremos comprobando cómo el camino se va allanando. Ganaremos confianza en el discurso que estamos escribiendo y, por tanto, saldremos «a la palestra» sabiendo que lo que vamos a decir ha sido preparado a conciencia, preguntándonos todo aquello cuestionable del tema elegido para resolverlo desde el mismo momento de la preparación. Si en el momento de hablar en público no hemos resuelto ciertas dudas, tendremos temor a que el auditorio se pregunte por esas mismas dudas que no hemos resuelto, y por tanto nuestro discurso no consiga ser aceptable para el público, ya que no estamos resolviendo las preguntas que se le plantean.

El auditorio nos juzga desde que aparecemos ante él, y la inseguridad de la que antes hablaba, al igual que el resto de estados emocionales, se contagia o transmite, nos guste o no, a una velocidad sorprendente. Es por eso importante ir ganando en seguridad desde que preparamos el discurso, algo que se consigue con un buen planteamiento de lo que vamos a plantear, defender o contar. Pensad por un momento en determinadas situaciones en que sin que nadie nos haya dicho nada hemos sentido alegría o pena o miedo... ¿Por qué? Pues bien, se debe a que las emociones se contagian inevitablemente, por lo que es fundamental que desde el mismo momento en que nos enfrentamos a la preparación de nuestro discurso tengamos claro que debemos confiar en nosotros y en nuestra capacidad, y que si trabajamos lo suficiente, si nos esforzamos y damos lo mejor de nosotros, llevaremos el discurso a buen puerto. Por supuesto, esto no significa que nos conformemos con la primera idea que se nos ocurra, y escribamos folios y folios sin siquiera detenernos a comprobar que vamos por buen camino, por el mero hecho de creer que con preparar un buen número de hojas estaremos consiguiendo nuestro objetivo. Hay que perfeccionar mucho un discurso para que sea realmente eficaz, debe estar muy preparado, debe solventar las preguntas y resolver posibles contradicciones, pero no se asuste el lector, porque eso es algo que vamos a conseguir en la preparación. Si el auditorio puede plantearse ciertas preguntas, nosotros también podremos y lo haremos si dedicamos un tiempo a pensar, a reflexionar sobre el tema elegido. Que vamos a conseguir un buen discurso es una idea que debemos mantener muy presente en nuestra mente, como un objetivo claro y además posible, durante todo el proceso de preparación. Las dudas seguirán acechándonos durante casi todo el proceso, mas ya se dará cuenta el lector de que las dudas van remitiendo a medida que el discurso va tomando cuerpo, a medida que encontramos respuestas válidas a las preguntas que inevitablemente se presentan, a medida que los cabos se van atando. Cuando hemos preparado algún examen, al principio hemos podido sentir cierta desazón o desesperanza ante lo arduo de la empresa; no obstante, según íbamos estudiando los temas, resolviendo las dudas, ganábamos en seguridad, y la desazón o desesperanza iba diluyéndose, aunque evidentemente nunca se diluye totalmente pues eso no sucede hasta el momento mismo en que uno se enfrenta al examen, en este caso al discurso. Al llegar a dicho momento, si habíamos preparado a conciencia el examen, nos íbamos sintiendo más y más seguros al ir respondiendo las preguntas, o los temas, al comprobar que efectivamente sabíamos lo que teníamos que escribir. Con un discurso sucede algo parecido, ya que al iniciar el para muchos duro trámite de hablar en público nos sentimos más o menos nerviosos y a medida que avanzamos nos vamos relajando. Los miedos siempre son mayores antes de enfrentarnos que en el momento mismo de hacerlo. Es evidente que en las primeras ocasiones que uno habla en público sentirá cierto nerviosismo, pero también comprobará que no son tan fuertes los nervios como había temido.

Es fundamental antes de comenzar a escribir el discurso tener muy claro que tenemos algo que decir y que vamos a lograr que el auditorio así lo perciba. Es decir, que sepan que tenemos algo importante que trasmitirles, y para ello debemos tener claro cuál es nuestro objetivo.

Cuando escuchamos hablar a alguien que parece tuviera algo realmente importante que decirnos lo escuchamos con verdadera atención; si por el contrario la persona que habla parece tener la cabeza «hueca», nos trasmite la sensación de estar divagando sin concisión, dando vueltas inútiles a un tema sin llegar a ningún sitio, enseguida dejamos de prestarle atención. Es esta una de las claves. Saber que el auditorio está esperando que tengas algo importante que decirle.

La importancia de la preparación es algo que no debe escapársele a nadie que desee una buena intervención en público. De ello va a depender en no bajo grado el resultado final. No dejemos nunca «las cosas» al azar. Si nos enfrentamos al hecho oral sabiendo que tenemos algo que decir y que lo hemos preparado bien estaremos mucho más seguros de nosotros y de nuestro éxito, con lo que habremos ganado en seguridad y el auditorio lo percibirá desde que aparezcamos ante sus ojos. Todo esto también influirá en nuestro ánimo, pues comprobar que el público nos sigue con atención nos irá infundiendo seguridad.

Existe un error extendido, y sin embargo de fatales consecuencias, consistente en no prestar toda la atención que se debe a la preparación del discurso. Si nos presentamos ante un auditorio sabiendo que no hemos preparado bien el discurso que ante ellos vamos a decir estaremos poco seguros, y por tanto apareceremos ante ellos nerviosos, y perderemos así interés y lo que es peor credibilidad. ¿Cómo van a fiarse de las palabras de alguien que está nervioso y que transmite inseguridad? Se despertará en ellos cierta desconfianza, que nos influirá negativamente, pues lo percibiremos y en lugar de relajarnos nuestro nerviosismo, siempre inevitable al inicio, aumentará.

1.2. Una preparación adecuada

El primer requisito indispensable para que un discurso dé los resultados que ansiamos es (como hemos venido hablando en el apartado anterior) la preparación del mismo. Puede parecernos una obviedad, sin embargo, no lo es tanto. Y ahora, o posiblemente ya en el apartado anterior, viene la pregunta: ¿cómo debemos preparar el discurso?

De la misma manera que cuando hemos tenido que prepararnos algún examen la forma en que lo hacíamos era decisiva en el resultado final, en un discurso la forma en que lo preparemos será también fundamental para un resultado óptimo.

Es normal que al iniciar la preparación queramos leer todo lo que se ha escrito acerca del tema que vamos a tratar y desde luego nos ayudará mucho hacerlo. Que podamos hacerlo dependerá del tiempo que tengamos. Ahora bien, tendremos que ser cautos a la hora de redactar lo que vamos a decir, no vayamos a caer en el error de hablar «por boca de otro», es decir, repitiendo las palabras que algún autor haya dejado en su obra. Corremos ese riesgo si no cuestionamos primero lo que estamos leyendo y lo aceptamos desde el primer momento haciendo nuestro un pensamiento que en realidad no lo es. Tenemos que documentarnos, y eso es algo que nadie pone en duda, debemos leer lo más posible de lo que haya escrito referente al tema, pero con una intencionalidad bien clara: para pasarlo después por nuestro «propio filtro». Se trata de tener nosotros nuestro propio pensamiento acerca del tema. Con esto quiero decir que lo que vayamos leyendo y descubriendo deberemos reflexionarlo, en algunos casos estaremos de acuerdo y en otros no, todo ello es válido y nos será útil para elaborar nuestro propio pensamiento que después llevaremos al papel. Es en este punto necesario decirle al lector que no tenga prisa por leer todos los libros que considere necesarios, y mucho menos prisa por llevarlo al papel. Todo requiere su tiempo. Pensad, por ejemplo, en una novela que hayáis leído. Con el tiempo, somos más capaces de juzgarla. Es la distancia, la objetividad que nos da ese tiempo.

No se trata de que tardemos años en elaborar un discurso, puesto que en la mayoría de los casos no dispondremos de ese tiempo, pero sí de que no queramos «correr» más de lo necesario. Si nos impacientamos por comenzar a escribirlo, porque así creemos estar ganando tiempo, nos estaremos equivocando. Puede que sintamos que estamos perdiendo el tiempo leyendo y leyendo, preguntándonos y reflexionando, y no comenzando a escribir, sin embargo estamos ganando un tiempo «precioso» (además, tal y como veremos más adelante, el tiempo lo habremos dispuesto para disponer en cada uno de los pasos del proceso del necesario). Lo advertiremos una vez hayamos empezado a escribir. Nuestras ideas serán nuestras y no de un libro, y la claridad de las mismas nos permitirá ir escribiendo con mucha más seguridad sin necesidad de recurrir a un libro constantemente porque ya no sabemos qué más poner, o porque dudamos acerca de lo que estamos escribiendo. En la preparación reside un importante tanto por ciento del resultado final.

Un discurso ha de reunir nuestro pensamiento, nuestras ideas, nuestras conclusiones. No caigamos en el error de «copiarle» los pensamientos, las ideas y las conclusiones a otra persona. Esto no dará resultado. Nunca.

Pasemos ahora a otro aspecto de este punto, algo a tener en cuenta desde que empezamos a prepararnos. El tiempo, un factor fundamental. No prepararemos de la misma manera un discurso o conferencia si disponemos de quince minutos para exponerlo, que si el tiempo del que haremos uso es de dos horas. Parece evidente, mas luego muchos fracasos vienen dados por haber pasado por alto algo que ahora nos parece tan evidente. La selección de lo que vamos a decir variará en función del tiempo. Siempre tendremos que elegir lo fundamental, y es bueno que lo hagamos, siendo conscientes de que querer tratar muchos puntos del tema que nos ocupa no es aconsejable. Hay que saber elegir nuestra dirección, nuestro objetivo fundamental, y en base a ello qué es lo más relevante, significativo y también útil en función de nuestras necesidades y pensamientos, así como conclusiones referentes al tema que tratamos. Para ello hay que determinar en primer lugar el tema que vamos a desarrollar para poder ir pensando en él, incluso antes de empezar a leer obras referentes al tema en cuestión. Si dejamos un tiempo, que dependerá de lo que cada cual necesita (pueden ser cuatro días o siete), solamente para reflexionar acerca del mismo, iremos encontrando las preguntas, las dudas y a veces alguna conclusión respecto al tema, que nos serán de verdadera utilidad en el proceso de elaboración. Al pensar en el tema elegido iremos haciéndonos preguntas que unas veces podremos respondernos y otras no, en cuyo caso estaremos estableciendo qué debemos buscar en obras o personas expertas en el tema. Es importante que no queden preguntas ni dudas sin resolver, ya que, después, en la exposición sería notorio el hecho de que no se aborden o no queden claras ciertas cuestiones, ofreciendo así la impresión de que omitimos determinadas cuestiones o puntos de un tema porque ni siquiera nosotros lo tenemos claro o conocemos a fondo. Cuando vamos a una conferencia o asistimos a un discurso lo hacemos confiando en que la persona que está hablándonos conoce de manera exhaustiva el tema, y no que está sencillamente tratando de atravesar un trámite con lo justo. En este punto la diferencia con realizar un examen es notoria, ya que en un examen podemos optar por «ir» a por el cinco raspado, al hablar en público debemos estar seguros de que «vamos a por el diez».

Para hablar de un tema en público, para exponerlo correctamente tenemos que dominarlo. No pueden quedar en una exposición cabos sin atar, dudas que solventar, preguntas sin responder. El auditorio se percataría y nuestro discurso no sería convincente. Tendremos pues que intentar hacernos todas las preguntas posibles acerca del tema, buscarlas si hace falta.

Volvamos ahora sobre otro aspecto importante a tener en cuenta y antes solamente esbozado: el factor tiempo. Si el tiempo de que disponemos no es mucho, nos veremos en la obligación (a veces un tanto molesta para quien habla) de seleccionar al máximo lo que vamos a tratar. Recomienda Dale Carneggie en su obra *Cómo hablar bien en público* (Edhasa, 1981):

«No incurramos en el error tan común de querer abarcar muchos aspectos en una conferencia corta, que quien mucho abarca poco aprieta y todo se le suelta. Tomemos uno o dos puntos de vista y tratemos de desarrollarlos adecuadamente. Nos podemos considerar dichosos si lo conseguimos».

Dependiendo del tiempo elegiremos un tema u otro, o si el tema nos viene ya establecido, un aspecto u otro de dicho tema. Si tenemos poco tiempo no pretenderemos decirlo todo, pues sería imposible, así que seremos conscientes de ello y elegiremos aquello más significativo. Veamos un ejemplo. Tenemos que hablar durante cinco minutos acerca del poder de la lectura en la infancia, su importancia... etc. El tiempo es muy breve y el tema muy amplio, por lo que hay que elegir en qué nos vamos a centrar. Si no nos centramos el tiempo transcurrirá y no habremos logrado decir lo que queremos decir. Así que elijamos. Podemos, por ejemplo, centrarnos en la importancia de la lectura en la infancia, porque así es como estaremos creando lectores para siempre, puesto que al generar el hábito de la lectura en la niñez casi con toda probabilidad ese niño será un lector cuando sea adulto. A continuación expondremos los beneficios fundamentales de la lectura en el niño y en el adulto, pero, cuidado, tenemos muy poco tiempo, así que nos limitaremos a hablar de la importancia de desarrollar la imaginación, de darle al niño una forma de ocio que además de entretener va a enriquecerle, y de la importancia de la lectura para conocer la propia lengua. Nos ceñiremos a esto, porque hemos optado por hablar de los beneficios y de la importancia de la lectura en la infancia. Existe con esta opción el peligro de hablar de paso de lo negativo que tendría no leer en la infancia, pero debemos optar por uno de los dos enfoques, ya que no hay tiempo suficiente. Nos dispersaríamos y no quedaría suficientemente clara ni argumentada nuestra exposición.

Además de tener claro lo que vamos a defender o a exponer en nuestro discurso y del tiempo que vamos a usar para ello, hay que ser conscientes de que hagamos lo que hagamos el público ante el que hablamos no debe aburrirse y esto hay que tenerlo presente desde el momento mismo de la preparación. Si nuestro discurso es claro, ordenado y eficaz, pero resulta aburrido, el resultado será de todas formas negativo. Es además decisivo para un orador la respuesta de quienes le están escuchando. Ya es bastante difícil, sobre todo al principio, enfrentarse a un auditorio y comenzar a hablar. Esto nos suele poner en una situación de nervios que puede verse aumentado o no en función de la respuesta de quien nos escucha. Si vemos que bostezan, tosen, se mueven, se miran entre ellos, o simplemente pareciera que se están durmiendo, la tensión aumentará. Si ocurre lo contrario, nos iremos relajando y podremos hablar en público con más tranquilidad.

Una vez hayamos reflexionado sobre el tema, pasaremos a leer obras que nos resulten útiles para nuestra exposición. La cantidad de lo que podamos leer dependerá del tiempo con que contemos. Sólo una cosa hay que saber mientras leemos y es recordar nuestra propia conclusión, nuestro propio pensamiento en torno al tema que tratamos, para que no nos influya tanto lo que leemos como para acabar cambiando de idea. Solamente si nos percatamos de que realmente nuestro enfoque del asunto era totalmente erróneo tendremos que rehacer nuestro punto de vista. Recordemos todas las dudas que se han ido generando al pensar en el tema para poder ir encontrando las respuestas en la lectura o en las personas que juzguemos oportunas por considerarlas expertas en el tema.

No aburrir es otra de las cuestiones importantes a tener en cuenta. Mientras preparemos el discurso, seremos conscientes de que no podemos permitirnos el lujo de que el auditorio se aburra, pues habremos entonces fracasado en nuestro intento. Tendremos que buscar la manera de hacer atractivo el tema a tratar. Para ello es útil usar ejemplos fácilmente identificables para el auditorio, huir en la medida de lo posible de lo abstracto y tratar de ser lo más sencillos que podamos en nuestra exposición, para lo que habremos de preparar un discurso que al menos en apariencia sea sencillo. Estaremos de paso dando con algo fundamental: la elegancia.

1.3. Confiar en lo se está escribiendo

A la hora de hablar en público es imprescindible (como hasta ahora venimos diciendo e incluso insistiendo) confiar en uno mismo y mostrar seguridad, es decir, creer en el mensaje que se trata de enviar. El mensaje debe ser en primer lugar creíble para la audiencia; si no es creíble, no habrá nada que podamos hacer para que a nuestro auditorio el discurso le resulte atractivo e interesante. Lo que no creemos no nos interesa ni nos atrae. La credibilidad depende en gran parte de la confianza en nuestro discurso. Toda la credibilidad que el receptor tiene en nosotros puede quedar anulada en el momento que descubra que ni siquiera nosotros confiamos en lo que decimos. Si se muestra seguro de sí mismo, ganará en credibilidad y el auditorio se mostrará deseoso de escuchar lo que tiene que decirles.

Mostrar confianza a la hora de elaborar y llevar a la práctica un discurso, o a la hora de hablar en público, es fundamental, en el sentido de que el receptor es capaz de detectar la desconfianza o el miedo que embarga a una persona que realiza esa acción y trasladarla al mensaje que enviamos. Así, nuestro discurso y su objetivo está avocado al fracaso ya que el receptor estará más pendiente de nuestra forma de actuar que del fondo o contenido del mensaje que pretendemos enviarle. Por tanto, debemos confiar en lo que escribimos desde el momento mismo en que lo escribimos. Si ya en ese preciso momento no estamos seguros de nuestras palaras, deberemos replantearnos el enfoque, la perspectiva o los puntos que hemos decidido tratar del tema, pues hay algo en lo que estamos fallando que nos impide confiar en lo que estamos escribiendo. Ni que decir tiene que si dudamos ya desde la escritura misma no podremos mostranos (porque no lo sentiremos) seguros antes el auditorio.

Pero, ¿a que se debe la falta de confianza?, se preguntará probablemente más de un lector. El principal motivo está relacionado con el miedo, con la creencia de que se puede fracasar, de que van a recibir críticas negativas... La falta de confianza también se debe al desconocimiento del tema que se está tratando, al miedo a la reacción del auditorio o, tal vez y este es un temor muy extendido, a quedarse en blanco. Todo ello produce desconfianza, y la desconfianza es una de las principales causas que llevan al bloqueo, a perder el hilo y a estar continuamente utilizando expresiones que tan mal efecto causan en nuestros oyentes, tales como las por todos conocidas: ehhhh, emmm, ummm..., y otras tantas del mismo tipo. Expresiones a evitar en todos los casos. Incurrimos en ellas movidos por la duda, el miedo, pero a veces también por la costumbre.

No está, efectivamente, demasiado clara la causa que puede generar estos miedos a hablar en público. Algunos expertos están de acuerdo en que la ansiedad que genera esta situación está muy relacionada con la falta de experiencia o bien con experiencias anteriores desagradables, ya sean experiencias propias o por haber visto a otras personas tener poco o ningún éxito en sus charlas. En cualquier caso, la ansiedad puede generar la suficiente tensión como para garantizar el fracaso de una intervención ante el público. Si nos encontramos en esta situación no hay que pensar en ello como algo vergonzoso y ridículo, lo puedes tomar como un estímulo para «subir», para mejorar. El miedo es, en cualquier caso, un sentimiento personal e interno. El auditorio no tiene, en principio, por qué descubrirlo a no ser que lo revelemos. Además es inevitable, al menos en nuestras primeras intervenciones, sentir cierto temor (aunque sea controlable y así será) al inicio del discurso. Pero debemos saber, y así repetírnoslo interiormente, que el miedo va a ir cediendo a medida que vayamos hablando ante nuestro público. De hecho, el miedo controlado constituye un estímulo en la tarea del orador, que impulsa a «crecerse» en su discurso.

Evitar el miedo y mostrar confianza, objetivo de cualquiera que vaya a «enfrentarse» con un auditorio, se logra, como se ha señalado en el punto anterior- a través de una buena preparación previa al acto de hablar en público. Desde el momento en que sabemos que vamos a realizar una exposición, debemos concienciarnos y preparar bien el tema que tratemos, pero no solamente importa el tema a desarrollar, también tiene su importancia el auditorio al que nos dirigimos. Averiguaremos pues toda la información posible sobre la audiencia a la que nos dirigimos, visitaremos, siempre que sea posible, aunque solo sea cinco minutos antes, el lugar o ubicación donde daremos el discurso. Todo esto nos da una información valiosísima. No es lo mismo lo conocido que lo desconocido, y cuanto más conocido y familiar nos resulte todo, mejor para nuestro ánimo. Si al preparar nuestro discurso sabemos (que deberemos saberlo) a quién nos estamos dirigiendo, prepararemos el discurso de acuerdo con ello, sabiendo que no es lo mismo un público especializado que uno mixto o normal. No explicamos de la misma manera un mismo tema a un niño de diez años que a una persona de cuarenta, luego este dato es fundamental para el éxito de nuestras palabras.

Cuanto más controlada y preparada esté nuestra intervención pública más confianza tendremos en nosotros mismos y mayor credibilidad también ante los ojos de nuestro auditorio.

Los nervios previos, como los que puede tener un actor antes de salir a las tablas del teatro o un futbolista en los instantes previos a la disputa de un partido, pueden ser (si se saben controlar, y no permitimos que nos controlen ellos a nosotros) estimulantes y desembocar en un miedo controlado, que en su justa medida nos mantiene alerta y concentrados. Esta clase de miedo puede hasta resultarnos favorable, desviando posibles despistes, lo no quiere decir que estar atemorizado o con pánico sea agradable, el pánico a menudo desemboca en un bloqueo total y en la nada deseable mente en blanco.

Además de la preparación y el conocimiento, la experiencia es un factor importantísimo a la hora de afrontar un discurso. La práctica nos ha dado tropiezos y logros, nos ha proporcionado información acerca de nosotros y nuestras posibilidades reales y también acerca de lo que no debemos hacer en cada caso. Exprimir la experiencia, que no es otra cosa que la sabiduría que da siempre el tiempo y la práctica, para saber discernir entre lo que fueron errores y lo que fueron éxitos anteriores, puede convertirse en algo impagable. Saber qué debemos hacer y qué no tenemos que repetir genera una confianza que tan solo puede aprenderse a través de la experiencia. Creer y tener fe en ti mismo, así como crearte una imagen de ti mismo que sea favorable y por lo tanto positiva puede ser un excelente compañero en tu lucha por adquirir seguridad y confianza.

Otra forma de adquirir confianza y corregir errores es grabar en audio o vídeo tu discurso, también puedes exponerlo ante familiares o amigos. Con esta técnica podrás observarte, y descubrir así todos los movimientos de pies, manos y posibles «tics» que denoten falta de confianza.

A la preparación minuciosa se debe unir un elemento primordial para sentirse seguro. Este elemento primordial consiste en realizar un discurso donde los objetivos y el mensaje que se quiere enviar sean claros y concisos, sin divagaciones que nos alejen del tema que tratamos y que puedan despistar a la audiencia. La consecuencia directa puede ser un murmullo generalizado, sobre todo cuando nos encontremos ante un gran público. Si ese murmullo llega a nuestros oídos se puede transformar en miedo y desconfianza, al ver que nuestra actuación y mensaje están pasando del todo inadvertidos para ese público, al que desde un principio hemos querido atraer hacia nuestro discurso, captando toda su atención. Debemos entonces intentar recuperarnos centrándonos en el tema y evitando las divagaciones, que tan malos resultados ofrecen. No se trata de llenar el tiempo dando vueltas y más vueltas a algo que ya ha quedado claro, se trata de realizar una intervención que capte la atención con un buen discurso, y en un buen discurso no puede haber lugar para lo que comúnmente conocemos como «paja», es decir, elementos que nada aportan y sólo sirven para llenar tiempo y espacio.

Aunque la práctica y la experiencia se exterioricen en seguridad y confianza, en nuestras primeras intervenciones solo las encontraremos con un conocimiento y entendimiento pormenorizado de los elementos previos a nuestra intervención y con un concepto muy clarificador del mensaje que queremos transmitir.

1.4. Cuadro-resumen

Veamos en el siguiente cuadro-resumen qué no debemos olvidar a la hora de elaborar un discurso. Es decir aquello fundamental en los momentos iniciales de la preparación del discurso.

1. El objetivo

Es primordial tener claro cuál es nuestro objetivo en el discurso. Hacia dónde nos dirigimos, el lugar al que queremos llegar con nuestra exposición, y de paso el lugar al que queremos llegue nuestro público. No hay lugar para la divagación. Tendremos un objetivo claro, que trataremos de fijar antes de comenzar a escribir lo que después vamos a «decir en público».

2. La reflexión

Antes incluso de comenzar a leer acerca del tema, dejaremos un tiempo para la reflexión acerca del tema del discurso que vamos a componer. Pensaremos, nos preguntaremos, en definitiva, reflexionaremos. Estaremos con ello creando nuestro propio pensamiento y definiendo mucho mejor el objetivo.

3. La documentación

Es requisito indispensable la documentación del tema a tratar, ahora bien sin que esto suponga en caso alguno la copia del pensamiento de otros. Nuestro pensamiento ha de ser nuestro, y una vez hayamos pasado el tiempo de reflexión que en el punto anterior se citaba, daremos comienzo a la lectura y consulta de las obras que juzguemos más adecuadas. Querremos leerlo todo, no obstante es difícil que dispongamos del tiempo necesario para hacerlo, así que cuidemos la selección de las obras que vamos a leer y a consultar. Ya saben: mejor calidad que cantidad. Es el momento de dar respuesta a las preguntas que habrán ido surgiendo mientras reflexionábamos acerca del tema, de solventar posibles contradicciones, de trazar mentalmente un camino claro y sin muchas curvas. A medida que vayamos haciendo todo esto, iremos adquiriendo mayor seguridad, algo que influirá en el momento final de la exposición. Recuerden siempre que si logramos una buena preparación, los nervios y la inseguridad descenderán notablemente.

4. El tiempo

No es lo mismo contar con quince minutos que con dos horas para hablar. Lo tendremos presente cuando preparemos el discurso. Supone este factor decidir qué es lo más apropiado. Si tenemos poco tiempo, buscaremos lo que a nuestro modo de ver sea más relevante y significativo, ya que no podremos abarcar todos los aspectos de un tema. La selección es fundamental.

5. El aburrimiento

Si logramos definir nuestro objetivo, solventar las dudas, acabar con las contradicciones, atar los cabos, y dar con la selección idónea estaremos sin duda alguna en el buen camino o en el camino correcto. Ahora bien, queda un factor importante a tener en cuenta desde el momento de la preparación: el aburrimiento. Tenemos que evitarlo a toda costa. Así que buscaremos la manera más atractiva de «contar» lo que queremos contar y la sencillez es una buena fórmula. Ayudarnos de ejemplos fácilmente identificables para el auditorio es desde luego una buena opción.

Capítulo II

El discurso.
Partes del discurso

Hemos hablado sobre la importancia de la preparación, la necesidad de una buena planificación, la utilización de los nervios y el miedo inicial para nuestro propio provecho, pero aún no hemos entrado a definir y a explicar las partes de que debe constar todo discurso que se precie. Aunque aquí, como en todo, a veces la propia intuición es la mejor guía. No obstante, en nuestras primeras intervenciones será aconsejable una preparación cuya guía parta de lo ya establecido y comprobado como bueno.

1. Definición de «discurso»

Dos de las definiciones del *Diccionario de la Real Academia Española* sobre el término discurso son:

«Serie de palabras y frases empleadas para manifestar lo que se piensa o se siente».

«Razonamiento o exposición sobre algún tema que se lee o pronuncia en público. Ambas definiciones arrojan palabras clarificadoras sobre lo que debe ser un discurso».

Primero hemos de tener claro que a través de un discurso expresamos lo que pensamos o/y lo que sentimos. De aquí la importancia de saber antes de una intervención pública cual es el objeto de ésta y el lugar al que queremos llegar. No tener presente esta idea durante la realización de un discurso nos llevará al fracaso, pues podemos caer en el error de divagar y con ello alejarnos continuamente del tema que tratamos de forma que no aportemos nada nuevo ni original a la audiencia que nos escucha, y que precisamente espera que le demos información relevante acerca del tema y no una mera sucesión de repeticiones de la misma idea con diversas formas. Hay que saber que no podemos engañar a un auditorio durante mucho tiempo, y que esta no debe ser nunca la finalidad de un discurso.

La segunda definición describe el discurso como un razonamiento o una exposición. Si queremos llegar a la audiencia, la razón tendrá que primar en nuestro discurso. Y la única manera de conseguirlo es otorgarle una lógica natural. La serie de palabras y frases que utilizamos durante una exposición deben poseer una estructura lógica. Como si se tratara de las partes clásicas de una obra de teatro, el discurso consta de introducción, desarrollo y conclusiones. Cualquier discurso bien estructurado, como intervención para la que se encuentra destinado, contiene las tres partes, lo que le aporta coherencia y sentido, no sólo al emisor sino también al receptor.

2. Partes del discurso

2.1. Introducción

La parte inicial es, como todos saben, la «Introducción», y en ella planteamos el tema que desarrollaremos con posterioridad. Es pues el momento de captar el interés y la atención del público receptor. Es ésta la parte en que vamos a justificar el tema a tratar. Estamos ante el inicio de nuestra intervención y, por lo tanto, un momento de máxima importancia, dado que de esta parte va a depender que el auditorio nos preste toda su atención. Claro que después (aunque no siempre) podemos «remontar» el discurso, pero nos costará mucho más captar una atención que previamente no nos hemos ganado.

En la introducción podemos hacer un breve mapa de las ideas principales de nuestra intervención en forma de guía, que le servirá al público para entender debidamente el resto de nuestra intervención. Ocupará esta parte el 10 o el 15% de nuestro discurso, y por tanto del tiempo destinado al mismo. No olvidemos el factor tiempo, ya que nos puede jugar una mala pasada. No sería coherente una introducción de media hora para luego dedicar un cuarto de hora al desarrollo y a la conclusión. Seamos racionales y consecuentes. Además, si nos extendemos demasiado en la introducción corremos el riesgo de repetirnos después más de lo necesario al llegar al desarrollo.

Si no existiera en el discurso una persona que nos presentara previamente o el público no poseyera ninguna referencia acerca de nosotros, no estaría de más que antes de introducirnos en materia hagamos una breve presentación personal. Ahora bien, cuidado con estas presentaciones, en ellas sólo daremos la información verdaderamente significativa. No nos extendamos presentándonos, pues pareceremos al público egocéntricos y presumidos.

Tampoco caigamos en el error de emplear mal la denominada y por todos conocida «falsa modestia»; no da buenos resultados. Hagamos una presentación somera pero completa y relevante, y hagámoslo sin jactarnos ni vanagloriarnos.

En la «introducción» podemos, una vez hecha la presentación en caso de necesidad, adelantar en esbozo o en líneas generales algunas de las conclusiones a las que llegaremos en la última estructura y que serán descritas durante la siguiente estructura.

La introducción debe empezarse siempre con entusiasmo, con energía, intentando así trasladar dicho estado al público, para que afronten con ganas el resto del discurso. Esta parte inicial, y crucial por otra parte, marca la línea que debe seguir el resto de la intervención –de ahí su relevancia–. Hay que hacer comprender a la audiencia que lo que le diremos es algo diferente, nuevo o de sumo interés. Tanto en la forma como en el fondo, ya que tan importante es lo uno como lo otro. Hay que darle a entender a quien nos escucha que todo lo que vamos a decir es esencial, que proviene de una labor de síntesis y que vamos a aportar soluciones. Se deben evitar los preámbulos interminables y las anécdotas o referencias personales de larga duración, ya que si esto último bien empleado es desde luego efectivo, mal usado se convierte en todo lo contrario.

2.2. Desarrollo

La segunda parte a que nos enfrentamos en el discurso es el denominado desarrollo. El «Desarrollo» es el centro del discurso, y ocupará la mayor parte del tiempo de nuestra intervención, lo que viene a ser en cifras más o menos exactas: entre un 70 o un 80% del discurso, y por tanto del tiempo, que previamente hemos distribuido. En esta parte exponemos de forma razonada las ideas del tema objeto de nuestro discurso, que ya hemos adelantado a grandes rasgos en la introducción. Todas las explicaciones y pruebas que apoyen nuestro discurso tienen lugar en esta parte. En la práctica debemos seguir la estructura y el esquema que hemos de diseñar con anterioridad. El conjunto del desarrollo debe dar la impresión de seguir un orden lógico que no despiste o pierda el hilo conductor del discurso.

2.3. Conclusión

Por último, llegamos a la «Conclusión», que constituye el cierre del discurso y cuya duración no ocupará más del 10 o 15% de nuestra intervención. Es la estructura en que se recapitula repitiendo las ideas centrales. Con la conclusión se hace hincapié en los puntos principales que queremos que se recuerden de nuestro discurso. Incluye un resumen del tema y las propuestas que realizamos, así como una despedida o agradecimiento con la que rematamos nuestra intervención; es una manera de no ser descorteses y mostrar que en todo momento éramos conscientes de que hablábamos para una audiencia y la teníamos en cuenta.

Cuando hablamos en público este último punto es muy importante; debemos tener en cuenta que no hablamos para nosotros sino para un auditorio al que queremos expresar una idea, una problemática, un hecho, etc.

La estructura del discurso debe ser siempre lógica, sencilla de seguir y en consonancia con la audiencia a la que nos dirigimos.

La brevedad es otra característica muy importante que debemos tener en cuenta a la hora de realizar un discurso, esto no quiere decir que hagamos cortos los discursos y por ello faltos de información necesaria, más bien hace referencia a la necesidad de ir al meollo de la cuestión siempre y no extendernos o divagar en ideas que puedan aburrir y alejarnos del tema principal.

3. Distintos tipos de organización del discurso

En la elaboración del discurso hay que tener presente la macro estructura de introducción, desarrollo y conclusión. Podemos abogar por diferentes tipos de presentación y organización de las ideas, todas con posibilidad de ser combinadas y lograr hacer que nuestro discurso sea coherente, claro y perfectamente entendible por nuestra audiencia.

a) Estructura problema/solución: la forma de articular el texto se realiza mediante la descripción de un problema para a continuación aportar la forma de resolverlo. Este tipo de organización es frecuente en textos en los que se describe la actividad humana, como ocurre en los de historia.

b) Estructura causal: organiza los contenidos en torno a una trama causal cuyas categorías básicas son antecedente y consecuente. Este tipo de estructura es utilizada ante todo para exponer acontecimientos naturales, y contiene expresiones como «por esta razón o como consecuencia...».

c) Estructura descriptiva: articula los contenidos como rasgos, propiedades o características de un determinado tema. Por ello, se utilizan palabras y expresiones que sitúan en el espacio distintos elementos, como «en la parte superior o en la parte inferior...». A la hora de presentar apoyos visuales o ilustraciones se convierte en la mejor estructura a utilizar.

d) Estructura comparativa: presenta los contenidos a través de las diferencias y semejanzas entre manifestaciones de dos entidades o fenómenos, y se hace notar con expresiones como «a diferencia de...», «desde un punto de vista...», «desde el otro...».

e) Estructura secuencial: las ideas son organizadas a través de un ordenamiento temporal. Se puede realizar de una forma cronológica natural que se convierte en un arma fundamental cuando nuestra intervención pública gira en torno a un tema que se ha desarrollado a través del tiempo y queremos darle a la audiencia un contexto.

f) Estructura temática: consistente en presentar las ideas de forma cualitativa enumerando los puntos clave del discurso en un orden decreciente de importancia. Jerarquizamos las ideas comenzando por la más importante, como si se tratara de un texto periodístico y la clásica estructura de pirámide invertida donde la idea más destacada se encuentra en la punta.

g) Estructura espacial: se basa en iniciar el discurso desde algo concreto para llegar a consecuencias más generales, o viceversa: partir de lo general para concretar en una cuestión. Cuando nuestro discurso trata sobre un hecho concreto o un factor, causa o consecuencia de otro en un largo periodo de tiempo, la estructura espacial se convierte en idónea.

h) Estructura teórica/práctica: consistente en explicar la teoría para a continuación demostrar y abordar un caso práctico de los hechos expuestos. Es una manera de estructurar el discurso para que la audiencia tenga una perfecta visión de lo tratado.

Capítulo III

La práctica

Es fundamental, como ya hemos visto en apartados anteriores, llevar a cabo una buena preparación del discurso que luego tendremos que exponer ante un auditorio; ahora bien no debemos por ello olvidar que hay que practicar dicho discurso antes de hacer nuestra intervención ante un público.

Al practicar iremos adquiriendo más y más seguridad, corrigiendo posibles errores de nuestra dicción e incluso modificando alguna parte del discurso, pues puede no resultar tan adecuada como pensábamos al escribirla.

Practicar nos ayuda a ganar en confianza, a sentir que es posible realizar un buen discurso y nos ayuda sin darnos apenas cuenta a memorizar gran parte o al menos lo fundamental de lo que hemos escrito. Veremos en el apartado que abre este capítulo la importancia de la memoria, aunque no siempre será posible memorizar el discurso, es más, y sobre esto también profundizaremos, podemos conseguir un buen discurso leyendo.

1. ¿Tenemos que memorizar el discurso?

Supongamos que ya hemos escrito y revisado nuestro discurso, que ya estamos por tanto preparados para pasar a la práctica. Cuestión fundamental en este proceso. Ahora ha llegado el momento de pasar a la acción.

Puede que haya quien ahora se esté preguntando la razón por la que es tan importante la práctica. Pues bien, debemos preparar la exposición del discurso porque no debemos dejar al azar el momento de la exposición, el momento crucial, el del enfrentamiento al auditorio. Será importante que dediquemos también un tiempo a la práctica del discurso. Un entrenamiento que nos ahorrará después errores que bien pudiéramos haber evitado con una práctica del discurso.

Llegamos así a la memoria. ¿Cuándo debemos memorizar y cuándo no?

Dependerá del tipo de intervención que vayamos a hacer. Si se trata por ejemplo de una intervención política, en la que todo el mundo está pendiente hasta de las pausas que hacemos, será indispensable que leamos el discurso, lo cual, como más adelante se explica, no significa usar un tono monótono. Igual sucede en conferencias especializadas, en las que estamos dando por encima de todo una información, aunque en algunos casos también exista argumentación.

Si por el contrario el momento en que tenemos que hablar en público es una reunión o en un debate no haremos uso de la lectura. Señala Ángel Majorana en su obra *El arte de hablar en público* el siguiente ejemplo muy ilustrativo, que hace referencia a una ocasión en la que un impugnador de Cassio leía una defensa que había preparado previamente y en la que había escrito lo siguiente:

> *«¿Por qué me miras con ese ceño tan amenazador?»*
> *Cassio, exclamó: «¿Yo, amenazarte?... Ni siquiera se*
> *me ha ocurrido Estoy perfectamente tranquilo... Pero si*
> *has escrito eso en tu discurso, ¡aquí estoy para com-*
> *placerte!» Y en ese momento comenzó a mirarle con el*
> *ceño fruncido, mientras que la asamblea, riendo el*
> *incidente, fallaba por éste la causa.*

2. La lectura

Recordemos por un momento a algún profesor que hayamos tenido y cuya forma de impartir clase fuera leer unos folios previamente preparados o un libro, y lo hiciera de manera monótona, con un tono monocorde y por consiguiente aburrido. Estas clases solían ser un verdadero suplicio para el alumno, ya que así puede convertirse un tema atractivo o interesante en una tortura, pues estar escuchando durante una hora a una persona que lee sin variar el tono y sin entusiasmo ni énfasis es sin duda un ejercicio de completo aburrimiento. Comparemos a este profesor y su método de exposición, que en definitiva viene a mostrarnos una manera de hablar en público, con otro profesor que rehuía la lectura de folios interminables con un tono monótono y aburrido. No tiene por qué ser un profesor que no lea ni siquiera una nota o una ficha preparada para la ocasión, ya que perfectamente puede apoyarse en este sistema. No obstante, en caso de leer lo hace con entusiasmo y énfasis. El resultado de la comparación bien sirve para una intervención en la que hablemos ante un público. Se trata de que nos escuchen, de ganarnos toda su atención, de no aburrirles. Al igual que un profesor, cuya meta ha de ser que sus alumnos le presten toda su atención y se sientan atraídos por su explicación.

Si escribimos un buen discurso, lo preparamos a fondo, y no quedan en él cabos sin atar ni preguntas sin responder, pero a la hora de exponerlo nos situamos frente a los folios escritos y nos limitamos a leerlos sin más, ¿qué sucederá? Posiblemente las personas que estén escuchándonos no presten atención alguna a lo que decimos, se cansen de nuestra lectura monocorde y nuestro discurso acabe por no interesar a nadie, con lo que el hecho de que nuestro discurso sea bueno no tendrá importancia, porque no habremos sabido comunicárselo a quienes nos escuchaban.

Esto no significa que tengamos que memorizar todas y cada una de las palabras que hayamos escrito. Supone que sepamos cómo leer lo que vamos a comunicar, porque por encima de todo debemos tener presente que nuestro objetivo es llegar al auditorio, trasladarle nuestro discurso, comunicárselo y, por supuesto, ganarnos su interés, toda su atención. Para lograrlo la forma en que lo presentemos ante ellos será decisiva.

Practicaremos pues la lectura del discurso cuantas veces sea necesaria, o cuantas veces podamos, ya que no siempre dispondremos del tiempo que quisiéramos. Es por ello importante una buena planificación del tiempo que vamos a dedicar a cada fase del proceso de preparación y práctica del discurso. Si no disponemos de mucho, no nos alargaremos en la lectura previa de obras referentes al tema, economizando tiempo yendo directamente a la consulta de lo más relevante, pues no debemos olvidar destinar un tiempo para la práctica. Dar aquí pautas de tiempo a dedicar a la práctica del discurso no tendría, en realidad, mucho sentido, ya que como en todo (o casi todo) dependerá de la facilidad de cada cual. Incluso puede depender del tema a tratar, pues en unos casos puede sernos muy fácil abordar un tema y en otros bastante complicado. Esto lo sabrá cada persona y por ello ha de ser honesta consigo mismo desde el primer momento y así disponer del tiempo de manera efectiva. Si yo soy una persona docta en el tema a desarrollar pero tímida e insegura a la hora de hablar en público, dedicaré más tiempo a la preparación de la práctica, esto es, al ensayo de la exposición. Ganaré en seguridad y cuando llegue el momento crucial podré desenvolverme con mucha más facilidad. En cualquier caso la práctica nos sirve a todos, y aún más: nos hace falta a todos.

Cuando nos hallemos en el momento del «ensayo» prestaremos atención a lo que digamos y a la forma en que lo haremos, probando, si es necesario, diversas maneras de exponer, poniendo especial atención a no usar siempre el mismo tono (algo a evitar y que sin embargo nos ocurrirá en los primeros ensayos), sabiendo dónde queremos enfatizar por ser partes clave de nuestro discurso y, por tanto, hacerlo también con nuestra voz; que note el auditorio que lo que estamos diciendo en ese momento es muy importante, el tono será el vehículo de comunicación. Pensemos ahora en un político. Cuando está hablando ante un público no habla siempre con el mismo tono, de repente lo eleva y lo cambia captando más nuestra atención, para bajarlo después, y subirlo nuevamente o cambiarlo. Nosotros, aunque no debemos exagerar pues como veremos más delante debemos parecer naturales, también variaremos nuestro tono y la altura de la voz, según el momento. Ahora bien, siempre con sumo cuidado, ya que no va a beneficiarnos parecer actores representando una función.

Servirá de ayuda en este proceso que alguien en cuyo criterio confiemos plenamente nos escuche y nos ayude a decidir el tono, las pausas, las frases o palabras que enfatizaremos. Será positivo si encontramos más de una persona ante la que ensayar el discurso, pues serán más los criterios con que podremos contar, y en un auditorio siempre habrá diversas personas.

Además de lo citado en el párrafo anterior puede ser útil grabarnos en una cinta mientras practicamos, para luego escucharnos y poder así modificar lo que creamos puede ser mejorado. Para esto debemos ser completamente honestos con nosotros, ya que de lo contrario de nada servirá el ejercicio realizado. Sorprenderá a muchos lo útil que puede llegar a ser este simple ejercicio de grabar en una cinta el discurso para luego ser escuchado. Beneficia de paso la memorización de gran parte del discurso, ya que no sólo lo estamos leyendo en alto varias veces sino que además lo estamos escuchando. No se trata, como ya se ha mencionado anteriormente, de memorizarlo, ya que una buena lectura puede ser igual de atractiva, pero sí es bueno saber aproximadamente lo que vamos a decir. Nos proporciona mayor seguridad, y nos permite levantar la vista hacia nuestro público durante más tiempo. Es importante tener en cuenta esto último a la hora de ensayar, para ya desde ese instante alternar nuestra mirada sobre los folios con la mirada al público. Se trata de hacer lo mismo que por ejemplo hacen los presentadores de los informativos cuando lo que deben leer lo tienen sobre sus mesas. Ellos están leyendo pero no permanecen todo el tiempo mirando hacia abajo, pues ¿cuál sería la impresión del espectador? Alternan rápidas miradas al folio con miradas más largas que captan la atención de la cámara, que en definitiva somos nosotros. Pues sirva esto como ejemplo de lo que debemos hacer con nuestra mirada en el momento de exponer ante el público, para realizarlo desde el momento en que ensayamos. Así nos saldrá de manera automática en el momento crucial.

3. La memoria

Si a pesar de la dificultad y el riesgo que supone memorizar un discurso, esa es la opción elegida, podemos ayudarnos de algunos recursos que en este apartado van a darse, y que probablemente la inmensa mayoría habrá usado en repetidas ocasiones en su vida.

A casi todos nos resulta complicado memorizar determinadas fechas o nombres, y más aún a personas jóvenes que han tenido que aprender de memoria en sus estudios muchas menos cosas que antiguamente, cuando el método fundamental de estudio era a través de la memoria. Se ha ganado en comprensión y eso nadie lo pone en duda, pero se ha perdido gran parte de la ejercitación de la memoria, lo que para situaciones como la que ahora nos ocupa juega en nuestra contra. Sea como fuere, resultará útil para estos casos en que la persona, movida por una razón de peso, ha decidido que debe memorizar el discurso íntegramente recurrir a las asociaciones. Es decir, intentar relacionar el nombre o la fecha con algo que nos sea más sencillo recordar. Si por ejemplo debemos acordarnos de una cifra como 45, pensaremos en algún familiar cercano o amigo que tenga dicha edad: será más fácil recordarlo. Cada uno sabrá con qué asociar cada dato que le cueste memorizar con algo familiar que le facilite el trabajo. Es algo habitual, solemos en la vida cotidiana recurrir a esta técnica para no olvidarnos de cosas que debemos recordar, y lo hemos hecho en no pocas ocasiones cuando hemos tenido que memorizar, por ejemplo, un tema de historia en el que se acumulaban muchas veces diferentes y numerosas fechas. En la vida diaria también, como se ha dicho, se usa este recurso. Veamos un ejemplo. Si dejamos el coche en un parking y queremos acordarnos del número de plaza en que lo hemos dejado solemos recurrir a alguna asociación que nos permita luego recordar el número. Usamos así datos como la edad de un hijo. El número de la plaza en que está nuestro coche es el 14, la edad de uno de nuestros hijos. Así estaremos seguros de recordar el número cuando volvamos a recoger el coche.

Otro de los recursos que podemos usar es preparar un guión que nos irá recordando, a medida que avanzamos, el orden de lo que queremos exponer, evitando con ello además el riesgo de olvidar algún punto importante, no teniendo que añadirlo cuando ya no correspondía. No caeremos así en el desorden que tan malos resultados proporciona.

Puede servirnos también de apoyo (sobre todo a nuestra seguridad) llevar todo el discurso escrito con nosotros a la hora de exponer y situarlo en el lugar preparado al efecto (siempre hay algún sitio donde apoyar los papeles, pues téngase en cuenta que la mayoría lleva algún papel consigo cuando va a hablar en público). Nuestra intención es no leerlo, ya que hemos optado por la memoria, mas el hecho de tenerlo frente a nosotros y poder recurrir a él en caso de necesidad servirá a nuestro ánimo para estar más tranquilo. Si la tensión nos gana y nos arrastra a un momento de los más temidos en que uno se queda «en blanco» siempre tendrá la oportunidad de recurrir a sus folios y continuar leyendo el discurso. Saber que disponemos de esta posibilidad templará nuestro ánimo y estaremos más tranquilos pudiendo desenvolvernos con mayor seguridad, ya que no estaremos preocupados por si nos quedamos «en blanco». Aunque, evidentemente, uno no debe pensar en que esto le vaya a suceder, pues la disposición con que se ha de salir frente a un público es la contraria: sin miedo y con seguridad, sabiendo que vamos a hacerlo bien. Por ello es recomendable llevar el discurso escrito en todos los casos, porque así no temeremos que se nos olvide lo que vamos a decir.

Existen algunos casos en que lo mejor es no llevar el discurso escrito, pero estos son los menos. Se trata de casos excepcionales, como puede ser un debate. No quedaría adecuado que si uno va a debatir sobre un tema en concreto con otras personas lleve ya escrito lo que va a decir. Pueden llevarse notas o puntos, que puedan servirnos de ayuda para el debate, pues podemos necesitar cifras, nombres o estadísticas, pero esto no significa llevar un discurso preparado, pues debatir es, como bien sabe el lector, otra cosa. A este respecto puede leerse en la obra de Ángel Majorana, *El arte de hablar en público* lo siguiente:

«No se concibe la lectura en las reuniones populares, en las cuales sirve para suscitar y recoger las impresiones nerviosas del ambiente, ni en las asambleas deliberantes y en los debates forenses donde se quiere seguir paso a paso las vicisitudes de una accidentada discusión ajena.»

Si, a pesar de todo, salimos ante un auditorio con el discurso fijado y bien fijado en nuestra memoria y nos encontramos ante uno de los temidos momentos en que a uno parece que se le haya borrado todo de la memoria (por eso usamos la popular expresión: quedarse en blanco), podemos recurrir a lo siguiente.

«Supongamos que, a pesar de toda su preparación y precauciones, un orador, en medio de su discurso, se encuentra de pronto con que no tiene nada en el cerebro, se encuentra de pronto frente a frente con su auditorio, desbaratado, imposibilitado de seguir, en una situación terrible por cierto. Su orgullo le impide sentarse confundido y derrotado. Siente que podría pensar en el próximo punto, si sólo tuviera diez o quince segundos de gracia; pero aun quince segundos de frenético silencio delante de un auditorio sería punto menos que desastroso. ¿Qué hacer? Cuando cierto senador muy conocido se halló poco ha en esta situación, preguntó a su auditorio si no hablaba demasiado quedo, si los de atrás podían escucharle sin esfuerzo. Sabía que sí podían escucharle.

No era información lo que buscaba. Buscaba tiempo. Y en esta pausa momentánea, retomó el hilo de su pensamiento y prosiguió.

Pero quizás el mejor salvavidas en semejante huracán mental sea éste: usar la última palabra, frase o idea del último párrafo, para principio del siguiente.»

Cómo hablar bien en público, Dale Carnegie.

Volvamos ahora sobre la memoria, que para Cicerón era «la captación firme del pensamiento de las cosas y de las palabras para retener la invención». Algo que como ya sabemos no es tan fácil como en principio pudiera parecer, razón por la que es mejor muchas veces no memorizar íntegramente un discurso, aunque Quintiliano a este respecto planteaba lo siguiente, recogido en la obra *Retórica* de Tomás Albaladejo:

«Aconseja Quintiliano que si el orador tiene una memoria firme y dispone de tiempo suficiente, retenga completamente el discurso[...]. Es la solución que este autor prefiere por la seguridad que proporciona al orador el haber aprendido bien el nivel de elocutio del discurso, lo que no le hace depender de la lectura del texto escrito; pero es fundamental para Quintiliano que esta memorización no produzca ante el auditorio la impresión de que todo se lleva ya preparado, antes bien el orador debe aparentar que improvisa lo que ha aprendido».

Así pues quienes opten por memorizar el discurso deben tener presente que no es bueno dar la impresión de que todo está ya más que dispuesto y preparado. Será beneficioso, como aconsejaba Quintiliano, que parezca que hay ciertos puntos que estamos improvisando.

4. La improvisación

En muchas ocasiones, probablemente en todas, habrá algo que tendremos que improvisar. Si, por ejemplo, mientras hablamos detectamos que nuestro público se está aburriendo deberemos cambiar inmediatamente, y para ello será ineludible improvisar. Porque habrá que variar el tono, o enfatizar más, o movernos para aproximarnos al auditorio, o cambiar de punto. Cualquiera de estas opciones o de otras que se nos ocurran pertenecen a la improvisación que cada cual sea capaz de realizar. Evidentemente uno no puede ensayar una improvisación ya que no se puede prever en qué momento será necesario variar algo del discurso o encontrarnos ante una o varias personas que nos preguntan algo que nos cuesta responder. Lo que sí puede hacerse es estar preparado para ello; es decir, saber que en algún momento podremos o deberemos improvisar en beneficio del discurso.

Además de lo explicado podemos encontrarnos con la siguiente situación: hablar ante un público repentinamente, sin previo aviso, y sin, por tanto, preparación para la ocasión. Nos estamos refiriendo a esas ocasiones en que a uno no le queda más remedio que hablar, es el caso, por ejemplo, de una cena de homenaje. Si uno es el homenajeado puede intuir que no va a quedarle más remedio que tomar la palabra y hablar tras las intervenciones laudatorios de amigos, compañeros, etc. No obstante, esto suele estar previsto y no será malo tener algo en mente, para no quedarse en blanco o acabar diciendo las típicas palabras que puedan defraudar a todos quienes se han tomado la molestia de prepararnos un homenaje. Hay quien incluso prepara un escrito que sin pudor saca de su chaqueta y lee ante todos los presentes, sin embargo, estas ocasiones son de esas en que es preferible no leer nada, ya que al no estar en principio previsto hablar, los asistentes al evento podrían llevarse una idea equivocada de nosotros, pudiendo parecer algo vanidosos, pues quedará patente que hemos dado por hecho que nos iban a pedir que habláramos. Es cierto que lo hemos dado por hecho, y es cierto también que la gran mayoría en una situación semejante también lo habría previsto sin mucho esfuerzo, mas la imagen que daremos no será tan positiva como si no llevamos nada escrito (aunque en realidad sí hayamos preparado unas palabras por si acaso). No se puede hablar en estos casos de una improvisación total, pero sí parcial, porque al no llevar nada escrito y todo en la memoria habrá palabras, frases, que cambiaremos por otras. En estos casos el miedo del orador a cometer algún error ha de ser menor, ya que para todos será perdonable al resultar todo improvisado, o al menos parecerlo.

La improvisación no es en general el mejor vehículo para hablar ante un auditorio. Es cierto que hay personas dotadas para ello, pero también es cierto que son muy pocas las personas capaces de hablar ante un auditorio improvisando todas y cada una de las palabras que a él dirigen. Hay ocasiones en que no queda más remedio que improvisar, pero si puede evitarse, mejor hacerlo, ya que de lo contrario diremos lo primero que se nos venga a la cabeza, lo cual no siempre es lo más adecuado.

Es tajante Ángel Majorana a este respecto:

«Quienquiera que hable al público debe ser impulsado por una razón idónea y proponerse alcanzar un objeto. No es lícito, con importunidad, presentarse como casualmente, y como siéndole indiferente hablar o no. Tampoco es bueno recitar de memoria; pero, desde

ciertos puntos de vista, es peor abandonarse al capri-cho de la propia improvisación».

Ahora bien, como ya se ha señalado existen ciertas ocasiones, ineludible en la mayoría de los casos, en que tenemos que hablar en público sin ningún tipo de preparación. Es realmente en estos casos cuando tenemos que echar mano de la improvisación. Normalmente, como ya se ha señalado anteriormente, los discursos que pueden parecernos improvisados han sido igual de preparados que el resto, pues en muchas ocasiones se usa la fingida improvisación como recurso para ganarse a un auditorio. Aunque el que los realice parece que lo haya sacado de la nada o que lo lleva a cabo sin ningún esfuerzo previo, en la mayoría de los casos estaban ya preparados de antemano.

Puede que asistamos a un congreso o a un debate y en cualquier momento soliciten nuestra presencia. Es similar a nuestra vida cotidiana en la que hablamos sin ninguna preparación; tener esto presente ayuda a relajarnos y a saber que tenemos capacidad para hacerlo, que podremos hablar en público aun sin nada preparado.

Cuántas veces hemos oído en una intervención pública la famosa frase «No creí que me tocaría hablar…» o «no he preparado nada…», normalmente la persona que dice alguna de estas frases contaba con la posibilidad de su intervención. Si creemos o sospechamos que pueden contar con nuestra actuación en un acto público, nada tan simple como preparar la intervención y haber estado atento a todo lo que se ha dicho para ser coherente con lo que se expone. Se puede dar el caso en que nos tomen totalmente desprevenidos. Muchos autores hablan de la improvisación como una técnica con características propias y con un estilo reconocido que exige un gran esfuerzo de formación, práctica y tenacidad.

¿Qué debemos hacer cuando nos toque improvisar? ¿Cómo podemos organizarnos o de qué forma puedo afrontar este compromiso? Lo primero que debemos hacer es serenarnos y no permitir que los nervios nos embarguen. La inseguridad puede perjudicar la expresión de nuestras ideas. En ese momento es cuando tenemos que hacer uso de nuestra experiencia, las anécdotas y las citas pueden sacarnos del paso en una intervención improvisada.

Como cuando preparamos un discurso y partimos de una idea central, a la hora de intervenir improvisadamente deberemos buscar una idea que denominamos «matriz». A continuación y a su alrededor construiremos cuatro o más ideas que distribuiremos en lo que sería un nudo y una conclusión y que apoyarán la idea principal, de esta forma daremos coherencia y claridad a nuestro discurso improvisado. La improvisación requiere agilidad mental, capacidad de elegir la palabra, reflexión y, sobre todo, recordar el objetivo de la intervención y las etapas para llegar a él. No es posible improvisar sin una idea clara de hacia dónde queremos llegar. El silencio inicial anterior a la acción de hablar en público es clave pues será el momento en el que podamos organizarnos y dar con la idea central o «matriz». Hablar de nuestra experiencia en los momentos iniciales de un discurso improvisado se convierte en un recurso muy válido. Las experiencias suelen ser fáciles de relatar y con ello normalmente se ve liberado de tener que pensar frases siguientes y evitar los típicos, «ehhhh», «emmmm». La experiencia es un modo de evitar el nerviosismo inicial previo a una intervención y es una forma de atraer al público, que suele mostrarse muy receptivo ante una experiencia real vivida. Para buscar las ideas accesorias muchos autores recomiendan su búsqueda dentro de la sala o el lugar en que intervenimos. Si conocemos algo de los receptores hablemos sobre ellos y sobre su actividad si todos la comparten. Otro recurso es hablar de la ocasión para la que se reunieron. También cabe la posibilidad de que hubiera intervenciones anteriores a la nuestra, las ideas accesorias pueden encontrarse en las personas que actuaron o intervinieron con anterioridad.

Si no obtenemos esa idea central de la que fluirá nuestro discurso improvisado y nos quedamos en blanco no hay que alarmarse, piense en lo que se dijo previamente, podemos hacer un resumen de lo tratado hasta el momento a modo de recapitulación. Otra opción es replantear de nuevo una cuestión expresando nuestros propios puntos de vista. Un pequeño truco para no bloquearnos es usar recordatorios mentales o hacernos preguntas a nosotros mismos del tipo ¿por qué?, ¿quién?, ¿cuando?... y a partir de las respuestas elaborar nuestra propia charla. La improvisación requiere agilidad mental, capacidad de elegir la palabra, reflexión y, sobre todo, recordar el objetivo de la intervención. Es muy difícil improvisar sin una idea clara de hacia dónde queremos llegar.

5. La espontaneidad

Esta característica, como la improvisación, puede ser natural o innata a la persona, pero aquel que no la posea la puede labrar. Al referirnos a espontaneidad recurrimos a la idea de naturalidad, es decir, que no parezca al hablar en público que nos hemos aprendido un texto y que venimos a repetirlo de memoria. Tener espontaneidad es un atractivo poderoso. Una manera de demostrar esta característica es incorporar diferentes anécdotas para ilustrar los argumentos, el auditorio los retiene con facilidad y sirven de descarga si el tema abordado es espeso o de difícil entendimiento, las anécdotas predisponen al auditorio a escucharnos y a que muestren atención. Podemos hacer un alto en el discurso para ejemplificar un argumento narrando una experiencia propia. Con ello, además de credibilidad, aportamos y transmitimos espontaneidad al auditorio, lo que sin duda ayudará a que nuestro discurso sea escuchado y retenido por ellos. El auditorio a menudo se muestra y se proyecta en nosotros. Si el orador se muestra triste, alegre o poco interesado, lo transmitirá aunque no se percate a su público, quien sentirá tristeza, alegría o poco interés. Lo mejor es adoptar convicción, sentir lo que decimos, si a esto le unimos espontaneidad el resultado es de sobresaliente. La audiencia se contagiará de ese espíritu.

La espontaneidad rompe la monotonía del discurso haciéndolo más atractivo. En algunos oradores es innata, pero con una buena preparación del discurso cualquiera puede resultar espontáneo, con esto queremos decir que espontaneidad y planificación para nada están reñidas, la espontaneidad, como hemos dicho anteriormente, puede ser planificada y no innata a la persona.

Una de las técnicas más utilizadas es preparar el discurso y recoger la mayor información posible sobre el tema que tratemos. De esta manera al realizar el discurso nos pueden sobrevolar numerosas ideas, anécdotas o apoyos que añadir a los argumentos. Todos ellos resultan espontáneos pues no estaban previstos en el discurso pero hemos entendido que estaba bien traerlos al hilo de lo que decíamos. De aquí la importancia de documentarse y preparar a conciencia el discurso, sobre la marcha mucha de la información que previamente preparamos nos sirve de apoyo y en cualquier instante del discurso puede ser utilizada. Prepararnos anécdotas o ideas de apoyo que resulten espontáneas puede librarnos de bloqueos y de la tan temida mente en blanco. El orador debe hacer suyas las palabras que ha preparado, y demostrar que está firmemente convencido de sus afirmaciones.

Para resultar espontáneos, otra característica que debemos sumar a nuestro discurso es la de flexibilidad. Es decir, aunque el texto esté preparado, a la hora de exponerlo debemos sentirnos algo liberados de éste, para en cualquier momento añadirle ideas que vengan a nuestra cabeza, siempre coherentes y que no se alejen del tema. Durante nuestra intervención si existen preguntas o intervenciones de otros, pueden haber surgido aspectos interesantes relacionados con el contenido de la exposición que deben ser respondidos. De la agilidad mental y capacidad de improvisación unidas a la flexibilidad obtenemos un discurso espontáneo. Al final todo se resume en preparación, planificación, experiencia y como dicen la mayoría de los autores: practicar, practicar y practicar.

Capítulo IV

Un buen discurso

1. El comienzo del discurso

En la primera parte del discurso nos jugamos el todo por el todo, un buen comienzo es sinónimo de interés para el resto del discurso, es la parte en que despertaremos el interés de la siguiente parte, el desarrollo. Debemos pensar que sólo de nosotros depende el éxito, y con un buen trabajo de preparación nada tiene por qué fallar. Si la introducción resulta interesante al auditorio o capta su atención desde el principio es más sencillo mantenerla a lo largo de todo el discurso. Hemos dicho que nos jugamos el todo por el todo en la introducción, porque si no empezamos con buen pie enganchando al público desde el principio, a medida que transcurra el discurso será más difícil despertar su interés. Un error muy frecuente es comenzar excusándose por no ser un orador o por si sale mal la intervención por nuestra falta de experiencia, esto desconectará al receptor del mensaje que queremos transmitirle y simplemente estará pendiente de nuestros errores. Algunos autores dan al buen humor el beneplácito de ser el mejor comienzo, pero con los chistes hay que tener cuidado: no todo el mundo resulta gracioso. Si no tenemos asegurada la risa es mejor no arriesgar, entre otros motivos porque el tema a tratar puede ser serio o está muy alejado del chiste inicial y lo único que logramos es hacer perder el hilo al público con la consabida perdida del mensaje que queríamos transmitir.

Lo importante es que el centro de atención del público seamos nosotros al comenzar el discurso, es el momento de ir estableciendo contacto visual con el público para que no muestre desinterés. Les haremos pensar que todos y cada uno de ellos son importantes, que crean que la intervención es exclusiva para ellos.

El principio de la introducción es la presentación. Si la realizamos nosotros no debemos extendernos demasiado, lo primero será saludar al público asistente y dar los suficientes datos para que se hagan una idea sobre nosotros, un ejemplo sería dar nuestro nombre y brevemente decir nuestra experiencia con el tema que se trata. No es conveniente ser adulador con uno mismo y hablar de logros o premios, o de las relaciones que mantienes con los expertos en el tema, pues es un comportamiento que no suele agradar a un auditorio numeroso. La vanidad no gusta, y menos si no existe una confianza que permita ese juego. No debemos prolongarnos en la introducción. Es la parte en que introducimos el tema para desarrollarlo más concienzudamente a posteriori.

Es eficaz dirigirnos alto y fuerte a la audiencia; denota confianza en nosotros mismos y concede un cierto grado de autoridad en el tema que abordamos. En los debates e intervenciones actuales está muy de moda hacerse oír por la fuerza, en ningún caso, alzaremos el tono de voz o comenzaremos a gritar porque un murmullo o ruido impida que se nos escuche. Pretender imponernos a una audiencia a fuerza de voz es nefasto, pues sus voces siempre serán más potentes que la nuestra. Hasta que no comprobemos que la audiencia nos escucha y que está interesada, no debemos comenzar con la exposición. En el caso de que la audiencia esté distraída, es conveniente hacer un intento de hablar para llamarles la atención o, si empleamos recursos visuales, proyectar la primera imagen. Muchos autores señalan que en la introducción o frase de contacto debemos dar respuesta a tres preguntas: ¿de qué voy a hablar?, ¿por qué? y ¿cómo voy a hablar de ello? Hay que hacer comprender a la audiencia que nuestro mensaje es algo diferente. Tanto en la forma como en el fondo. Le daremos a entender que todo lo que vamos a decir es esencial, que proviene de una labor de síntesis y que vamos a aportar soluciones.

Debe quedar muy claro el tema y la idea principal de lo que trataremos. También podemos incluir una breve opinión e incluso adelantar las ideas más importantes que a continuación desarrollaremos. Conviene, durante la introducción, no mirar otro elemento que al auditorio, ganaremos en espontaneidad, naturalidad y elocuencia. Si la preparación es importante (al igual que los ensayos y la práctica), la introducción es fundamental. Es entonces cuando los nervios más afloran, y la preparación logra mitigarlos. La introducción debe empezar con entusiasmo, con energía. Marca la línea que debe seguir el resto de la intervención.

2. El final de un buen discurso

Tras el desarrollo de las argumentaciones e ideas principales del discurso, llegamos a la conclusión, es la parte en que realizamos un recordatorio de la idea principal y del mensaje que queremos que nuestro público se lleve. Su duración es similar a la introducción; la mayoría de autores indican la necesidad de ser breves. Es la parte en que más énfasis y entusiasmo mostraremos. Tal vez sea la parte que el público más retenga, por eso, se realiza un resumen con los puntos clave. Ejemplificar o narrar alguna experiencia para rematar la idea central es muy válido en la parte final del discurso, en la que el público siente que nos conoce algo más. Como cierre de la intervención, se agradece al público su asistencia y el interés mostrado, y nos retiramos lentamente o cedemos la palabra si hay varios oradores.

Una opción en la conclusión es abrir un turno de preguntas. Para ello se tercia la necesidad de prepararse las posibles respuestas, para lo cual nada como un buen conocimiento de nuestra audiencia, y una planificación de las que creeremos serán las preguntas que nuestro público va a realizar. La audiencia suele aparecer bastante fría y será necesario provocarles las preguntas con interrogatorios hacia la audiencia, provocaciones o mediante la presencia de alguien que rompa el hielo entre los asistentes y las desencadene. Esta persona, que puede ser un amigo o alguien de la organización, además de romper el hielo, puede hacer preguntas sobre algún tema que por falta de tiempo o por cualquier otro motivo no hemos podido o querido tratar. Ante las preguntas debemos escuchar bien y asegurarnos de que las comprendemos. Si no sabemos contestar a alguna de las preguntas inesperadas, hay que tener el valor de confesar que no conocemos la respuesta porque es excesivamente detallada, muy especializada, etc. Siempre hemos de mostrar un aspecto optimista y confiado que induzca a preguntar, evitando la sensación de que somos atacados y sentimos un cierto desasosiego. Alguna frase socorrida como me alegro de que me haga esa pregunta puede servir para reforzar esa sensación. Por último, debemos frenar a los divagadores, de lo contrario se personalizará el debate y perderá interés.

3. La precisión y su importancia

Ser precisos al hablar en público es de vital importancia, sobre todo si queremos que nuestro mensaje llegue al auditorio al que nos dirigimos. Nuestra comunicación con el público y el entendimiento del mensaje por parte de ellos será más sencillo cuanto más claros, concisos y precisos seamos en nuestras ideas, pensamientos y forma de exponerlos. La forma en que trasladamos la idea principal de nuestro mensaje está relacionada directamente con la precisión y es causa directa de que nuestro mensaje llegue o no a la audiencia.

Para ser precisos debemos buscar la máxima simplicidad, utilizando frases sencillas y cortas, y dependiendo del auditorio al que nos dirigimos tendremos que cuidar la utilización de tecnicismos, por eso es tan importate conocer a los receptores de nuestra intervención. Si es indispensable el uso de un tecnicismo nunca está de más una explicación o la utilización de una palabra equivalente si entendemos que alguien del público no lo ha comprendido y pierde el hilo de nuestros razonamientos.

La precisión obliga a obviar todas las palabras y recursos que puedan hacer el discurso pesado, falto de razonamiento y sin ningún tipo de concreción. El abuso de adjetivos y adverbios va en detrimento de la precisión. Expresarse con simplicidad puede convertirse en el mejor aliado de un orador. Evitar las frases y figuras rebuscadas así como las palabras difíciles de pronunciar o demasiadas floridas es una de las formas más simples para convertir nuestra intervención en un discurso preciso carente de dificultades para nuestro auditorio.

Precisar hace referencia también a la ausencia de ambigüedad. Llamemos a cada elemento, objeto, fenómeno o circunstancia por su nombre alejándonos de generalidades tales como la palabras «cosa», «tal» o «eso». Es un error muy frecuente creer que lo que uno ha aprendido, conoce o entiende, también está clarificado en la mente de la audiencia, saber el perfil del público al que nos dirijamos resolverá en gran medida este problema. Fijarse en sus reacciones nos ayudará a no cometer este tipo de errores y a concretar y precisar nuestras ideas, argumentos y conclusiones.

Al hablar en público la precisión debe ser un punto de referencia por parte del orador, con ella dejará atrás malentendidos que producen ruido y falta de claridad en el mensaje que queremos transmitir. La precisión se convierte en un faro que ilumina a los receptores en su camino hacia lo que se les quiere comunicar, hacia el núcleo del mensaje; si somos precisos no dejaremos a ninguna persona a medio camino ni ciego. Lograremos guiarle por la ruta correcta en la que no hay lugar para ideas erróneas o equívocas.

4. La elocuencia

El *Diccionario de la Real Academia Española* define el término «elocuencia» con dos acepciones. La primera se refiere a la «facultad de hablar o escribir de modo eficaz para deleitar, conmover o persuadir»; la segunda dice textualmente «eficacia para persuadir o conmover que tienen las palabras, los gestos o ademanes y cualquier otra acción o cosa capaz de dar a entender algo con viveza». Ambas contienen la palabra eficaz, pero la primera se refiere a una facultad, aunque no determina si es una aprendida o innata a la persona. En cambio la segunda describe la eficacia que tienen «las palabras, los gestos o ademanes», esta sí puede ser aprendida y perfeccionada. Saber escoger correctamente las palabras, los gestos y ademanes para nuestra intervención dotará a nuestro discurso de la eficacia deseada. Muchos autores comparan la elocuencia con la claridad, afirmando que la verdadera elocuencia está en ser claro, la verdadera elocuencia se encuentra en la eficacia de nuestro discurso. Si nuestras ideas y argumentos son mostrados de una forma clara, para el público es más sencillo que sea retenido, podremos decir que nuestro discurso ha sido eficaz, pues al finalizar nuestra intervención el auditorio ha recordado la mayor parte de la información que les hemos expuesto.

Las personas son capaces de aprender a hablar con elocuencia. La oratoria se define como el arte de hablar con elocuencia, es decir hablar de un modo eficaz para conmover y convencer. Esto se logra a través de las palabras y en gran medida a través de la elección de estas. Para entender esto es necesario apartar de nuestra mente la idea de que la elocuencia es un «don» natural. Por supuesto que existen personas con una elocuencia innata, a los que de forma natural les brotan las palabras justas y expresan sus ideas de una forma fluida sin ningún tipo de esfuerzo. Pero los que no poseen esta característica necesitan de preparación y práctica previa para convertir su discurso en una disertación elocuente.

Cuanto más practiquemos nuestro discurso y lo leamos, más pulido estará para el momento que hablemos en público. Debemos elegir las palabras y giros verbales que más se adecuen a cada instante de nuestro discurso, de manera que el resultado final refleje elocuencia. La nitidez en los pensamientos e ideas volcados sobre una hoja de papel y expresados con claridad a la hora de hablar en público logrará la elocuencia deseada.

Muchos autores distinguen los conceptos, «hablar bien» de «hablar con elocuencia»; el primer concepto lo relacionan con lo aprendido y el segundo con lo natural y lo innato. Todo puede ser aprendido en su justa medida, la diferencia estribará en el tiempo que habrá que dedicar. Se dice que uno ha nacido para jugar al fútbol, para bailar o para la música. Por supuesto, no vamos a poner en duda la capacidad innata de lo que la sociedad llama genios, aunque sí diremos que existen escuelas de balompié, danza o música, y que todo puede ser adquirido o aprendido. La elocuencia, como cualquiera de las actividades anteriormente descritas, puede practicarse para mejorarla. Si ordenamos y organizamos las ideas en nuestra mente y en el discurso para lograr exponerlas de forma clara, nítida, original y sencilla a través de la palabra, estaremos ensañando y poniendo de manifiesto nuestra elocuencia.

Hay autores que indican que las ideas presentadas en forma original, organizada, lógica y estética producen el efecto de la elocuencia tan buscada por la mayoría de los oradores. Saber comunicar en una forma efectiva y que logre afectar al público que nos escucha podría ser una definición de elocuencia, si con ello, además, alcanzamos la meta que nos propusimos, es decir, hacer llegar el mensaje al auditorio, nuestra intervención será considerada como un éxito. La importancia de la preparación previa a hablar en público debe estar siempre en nuestra mente, sobre todo en lo que se refiere a la información y el tema que trataremos y que plasmaremos en el discurso; Si las ideas están claras tendremos más flexibilidad para improvisar, acortar o prolongar la disertación sobre la marcha.

La audiencia debe vernos como expertos en la materia, la elocuencia tiene más que ver con la forma de reflejar el mensaje que con el contenido. La manera en que expresemos nuestras ideas determinará en gran parte nuestro grado de elocuencia, por eso además de preparar el discurso es conveniente ensayarlo, ya sea con una grabadora para posteriormente escucharnos o con la práctica ante un grupo de amigos o familiares. En sus gestos y reacciones o en la escucha de tu propia voz juzgarás o juzgarán tu elocuencia.

5. Despertar y mantener el interés

Captar y mantener el interés del público a lo largo de la intervención es una premisa con la que debemos contar, así como facilitar la comprensión del mensaje que emitimos. Para llegar al público hay que ser directo, con claridad y concesión en los argumentos que aportamos. Nunca se debe dar rodeos ni alejarse del tema, no sólo porque el auditorio perdería el hilo conductor de nuestro discurso sino también porque podemos llegar aburrir a todas aquellas personas que venían con una idea preconcebida de lo que querían o creían que iban a escuchar. No hay que olvidar que nuestra intervención va estar encaminada a cubrir unas necesidades o una información para otros, para el auditorio. Si divagamos y no dejamos nada en claro, la decepción está asegurada, y tal vez sólo presten atención durante el primer minuto de nuestra charla. Nuestro estado de ánimo puede contagiar al público, importante tenerlo en cuenta para saber que al mostrarnos espléndidos, positivos y con vitalidad puede proyectarse hacia nuestra audiencia, captando y manteniendo su interés.

Sin olvidar en ningún momento el vigor al hablar, es aconsejable tener preparados variedad de ejemplos, hechos reales e ilustraciones personales para mantener la atención de la audiencia. Un simple cambio de la posición física en el estrado puede servir para mantener atenta a la audiencia. Cuidar el ritmo en la intervención mantiene el interés, hay que evitar los desfases, si elevamos demasiado para a posteriori sufrir un gran descenso, podemos perder su interés. Debemos prestar mucha atención a todos los puntos que hemos descrito y describiremos en este libro.

Nuestros gestos no deben ser muy bruscos, el auditorio capta las palabras con la misma claridad que los movimientos o gestos que realizamos con el cuerpo. Estos aspectos relacionados con el lenguaje verbal y corporal son los que se deben cuidar con detalle durante los ensayos.

Mostrar entusiasmo es una manera de reforzar los planteamientos, ideas, argumentos y mensaje que transmitimos, y una forma de que el público muestre su interés. Cuidar todos los detalles hace que seamos nosotros quienes tengamos la sartén por el mango, nos da una seguridad que sin duda será reflejada en nuestra intervención pública. Un análisis de la audiencia es fundamental para saber y conocer qué buscan en nuestro mensaje. Debemos alejarnos de la monotonía en el tono, pues es un factor que puede aflorar los bostezos entre los asistentes, sobre todo la de aquellos que se vieron obligados a asistir. Utilizar las pausas correctamente para dar descanso a que puedan ser asimiladas las ideas es otro componente esencial para mantener el interés. No hay que dudar en retomar algunas de las ideas que se han dicho con anterioridad si observamos caras de desconcierto en alguno de nuestros argumentos. Las anécdotas y los ejemplos constituyen otra manera de producir desahogo, si el tema que tratamos es espeso o profundo, así como los apoyos visuales. Además de hacerlo fácilmente entendible para los presentes lograremos que no se pierda el interés. Realizar preguntas, ya sean directas o retóricas, para que sean pensadas mientras realizas una pausa servirá de ayuda, ya que estás manteniendo alerta al público. Despertar la curiosidad es una forma de captar el interés, pero sólo conociendo a la audiencia podrás conocer sus necesidades y saber por qué sienten curiosidad.

El contacto visual con la audiencia, observando sus reacciones es otro punto a tener en cuenta. Los ojos nunca mienten, en cada mirada podremos ver la reacción de nuestra audiencia, es muy importante no perder de vista al público. En sus expresiones, gestos y sobre todo en su mirada, observaremos su reacción inmediata sobre lo que decimos. Una correcta preparación del discurso nos permitirá ser flexibles y moldeables para saber qué es lo que nos pide su reacción, y variar la forma de enfocar nuestra disertación para no perder interés y captar su atención.

Capítulo V

Requisitos indispensables de un discurso

1. No aburrir

No podemos permitirnos jamás el lujo de aburrir a un auditorio. De hacerlo, no habremos logrado nuestro objetivo primordial, porque si hemos aburrido a nuestro público no hemos captado su atención y en consecuencia no habremos sabido hacerles llegar nuestro mensaje. El fin era la comunicación y ésta no se habrá producido porque nuestro mensaje no habrá llegado al destinatario, es decir, al receptor, que no es otro que el público.

Ya desde el momento en que estamos preparando el discurso tendremos presente que no podemos aburrir. Si mientras escribimos el discurso nosotros mismos nos aburrimos ante nuestras letras, la dirección tomada habrá sido errónea, luego mejor será rehacerlo. No estaremos (aunque nos pueda parecer lo contrario) perdiendo el tiempo, sino ganándolo, pues a la hora de practicar no nos llevaremos disgustos de última hora que ya poca solución tienen, dado el tiempo que nos queda en ese último paso del proceso. Así que huyamos de la impaciencia y tratemos de hacer las cosas bien desde el primer momento.

Son muchos y variados lo recursos que se pueden usar para no aburrir a un público, pero pocos pueden servir como receta mágica y universal, porque cada persona tiene sus propias características que lo definen y hacen ser quien es, lo que puede provocar, por ejemplo, que quieran hacer un chiste por agradar personas exentas de toda gracia.

Se puede acudir a los ejemplos, que cercanos y sencillos, ayuden a nuestras palabras a ser más fácilmente entendibles. Se trata de convertir lo difícil en fácil, y este sí es un requisito fundamental para lograr nuestro objetivo.

Contar alguna anécdota, que parezca personal aunque no lo sea, suele también dar buenos resultados. Ahora bien, dependerá del tipo de intervención que se esté haciendo, por lo que la persona será quien juzgue si es o no adecuado.

Nuestra voz y nuestros movimientos también nos serán de gran ayuda en el objetivo. Si permanecemos durante 45 minutos quietos como si estuviéramos atados mientras hablamos a un auditorio, la sensación que generaremos no será desde luego la buscada. Movámonos, aunque nunca de manera exagerada, lo que se excede es de mal gusto en estos avatares y así lo recibirá y juzgará el público, porque no olvidemos que además de escucharnos y mirarnos, nos están juzgando, quieran o no quieran. Así pues haremos ciertos gestos, que no resulten agresivos pero tampoco de una timidez enfermiza, recordando que si iniciamos un gesto debemos acabarlo, porque si no parecerá que dudamos y nos hará parecer inseguros. Huyamos siempre de todo tipo de tics, como puede ser mover una pierna constantemente o una mano o lo que quiera que sea. Todos hemos conocido alguna vez a una persona nerviosa por naturaleza que no paraba de mover una pierna y hemos terminado nosotros contagiados de su estado. Ahorrémonos pues este tipo de movimientos. Para ello está la preparación, la práctica y la observación detenida. Puede sernos de ayuda grabarnos en vídeo para así poder después comprobar qué gestos resultan adecuados y cuáles no. Hay que estar en todo momento en consonancia con lo que estamos diciendo, y aunque esto pueda parecer una obviedad quizá no lo sea tanto.

Hay personas que se tocan constantemente el pelo, lo que entraría también dentro del apartado «tics», así que intentemos desde ya no hacerlo. Si comenzamos por evitar este tipo de gestos en la vida cotidiana será más sencillo que no lo hagamos después, cuando nos expongamos ante el público.

Pero no sólo los gestos tienen relevancia o importancia a la hora de no aburrir. También nuestra mirada será significativa. Si miramos todo el tiempo hacia el suelo o hacia los folios, en caso de llevarlos, nos costará más captar la atención de quienes nos están escuchando. Si por el contrario miramos al auditorio, tratando de que todas las personas crean que en algún momento las hemos mirado, el objetivo de no aburrir estará más cercano. Estaremos de esta manera involucrando a quien miramos en lo que le estamos diciendo. Esto, evidentemente, es mucho más sencillo ante pequeños auditorios, y del todo imposible ante auditorios numerosos. No obstante nuestros ojos recorrerán la sala en todo momento y en todas direcciones, sin parecer eso sí que estamos buscando desesperadamente a alguien. Hay que hacerlo con lentitud, sin que se note, como si fuera algo natural y espontáneo. Porque se trata de que todo parezca lo más natural y espontáneo posible.

Además, mientras miramos al público podemos descubrir la impresión que les causa lo que les estamos diciendo, pudiendo rectificar si observamos gestos que delaten cierto aburrimiento. Ese será el momento de cambiar el tono, de acercarse a ellos... Ahora bien, cuando percibamos en sus caras o gestos que se aburren no nos mortifiquemos mirando una y otra vez sus bostezos o sus cabezas que se recuestan o sus miradas que se pierden en el «horizonte», actuemos y busquemos la mejor manera de cambiar el discurso para ganarnos su atención, pero, eso sí, sin mirar ahora tan directamente para que no aumente nuestro desánimo. Podemos seguir haciendo que estamos mirándolos aunque en realidad estemos mirando simplemente al horizonte. Ya habrá tiempo de volver a mirar a quienes nos escuchen cuando creamos haber recuperado su atención y, por tanto, haberle ganado la batalla al tedio.

La forma en que miremos a nuestro auditorio también hará que se sientan más o menos cautivados por lo que les estamos diciendo, así que cuidado con mostrarnos altivos o demasiado humildes. Cuidado también con lanzar miradas tiernas que no vengan a cuento y que sólo sirvan para empalagar al auditorio. Que nuestra mirada refleje quienes somos y el entusiasmo que lo que decimos nos genera.

2. No arrojar la toalla ante el error. La importancia de la persistencia

Imaginemos que ha llegado el terrible momento en que nos hemos equivocado, hemos fallado. Puede que la voz nos haya salido quebrada, o sencillamente no nos haya salido desde el principio. Es posible que no hayamos sido capaces de salir ante nuestro auditorio todo lo rectos y seguros que hubiéramos deseado y además no hemos dejado de mirar al suelo durante toda nuestra intervención. Supongamos que no hemos sido capaces de atraer al auditorio, porque nuestro tono de voz ha sido igual durante toda la exposición. O que la preparación de nuestro discurso no ha sido la adecuada y a la hora de exponerlo no ha logrado llegar al auditorio como pretendíamos.

Todas estas cosas y otras que nos pueden ocurrir cuando empezamos a hablar en público son normales y así es como debemos tomarlo, nunca como un drama. Debemos ser conscientes de que no se puede aprender todo en poco tiempo, y que para cualquier actividad se necesita tiempo, preparación y experiencia. Es por esto tan importante la persistencia y, como anuncia el título del presente apartado, no arrojar la toalla. Es fácil decirlo, claro está, no obstante hay que saber llevarlo a cabo, es beneficioso para el aprendiz tener presente que los posibles fallos que inicialmente tenga se irán resolviendo a medida que vaya adquiriendo experiencia. Es a veces molesto cuando nos dicen que del fallo y del error siempre se aprende, pero en este caso es así. Sabremos qué es lo que no tenemos que hacer en una exposición o durante la preparación de un discurso, una vez lo hayamos expuesto. Desafortunadamente, a veces hay que equivocarse. Si en un discurso hemos errado el cálculo del tiempo que previamente habíamos realizado, en el siguiente sabremos o al menos seremos más conscientes de la organización más idónea del tiempo.

Sucede también en cualquier proceso de aprendizaje y, por tanto, también en éste que nos ocupa (la oratoria), que no se aprende de manera lineal, sino que se avanza de repente, llenándonos con ello de euforia, y de pronto llega el estancamiento. Hay un parón en el aprendizaje. Volveremos a avanzar cuando menos nos lo esperemos, de la misma manera que ya avanzamos antes. Si bien, para que esto suceda tendremos que haber persistido en la labor de aprendizaje y no habernos dejado vencer por ese período de «parón» en que teníamos la sensación de no avanzar nada, incluso de estar retrocediendo. Ni demasiada euforia ante un avance ni excesiva desesperación ante el estancamiento son recomendables. Hay que encajarlo todo en su medida, con temple, sabiendo que un avance no significa haberlo aprendido todo y que un retroceso no supone la pérdida total de la batalla que estamos librando.

Dice Carneggie a este respecto lo siguiente:

«Cuando comenzamos a aprender algo, como francés, golf u oratoria, no adelantamos de modo uniforme, constante. No aprendemos gradualmente. Aprendemos a tirones repentinos, mediante avances bruscos. Luego permanecemos inactivos por un tiempo, o hasta podemos retroceder y perder parte del terreno que habíamos ganado. Estos períodos de estancamiento, o aun de retroceso, son bien conocidos por los psicólogos, que los han llamado mesetas en las líneas de aprendizaje. Los alumnos de oratoria a veces quedan detenidos semanas enteras en algunas de estas mesetas. Por muy duro que estudien no pueden salir de ellas. Y entonces los débiles se dan por vencidos, desesperados. Los que tienen entereza, persisten y se encuentran con que, de pronto, de un día para otro, sin saber cómo ni por qué, han hecho un gran progreso».

Para llegar, efectivamente, a este progreso aparentemente (para el aprendiz) inexplicable hay que persistir, no dejarse acobardar por el hecho de que durante un período de tiempo no hayamos avanzado.

Nada pues de arrojar la toalla. Estamos aprendiendo y acumulando también la suficiente y necesaria experiencia para llegar a nuestra meta. Si de verdad queremos llegar, si queremos conseguirlo, sabremos salvar los inevitables obstáculos con que nos iremos topando. Es cierto que puede haber momentos de desesperación que nos lleven a creer imposible la meta que nos hemos fijado. Pensaremos que no somos capaces, que no estamos dotados, que nunca conseguiremos hablar bien en público. Es verdad que existen personas con una capacidad natural para hablar en público, que poseen algo que podríamos denominar don, y que pueden hablar delante de muchas personas sin miedo y además incluso hacerlo bien. Pero no nos engañemos, estas son las menos. La inmensa mayoría ha de aprender a hablar en público. También es cierto que algunos progresan con mayor rapidez que otros y que este hecho puede a veces llenarnos de desaliento. En estos casos lo aconsejable es no medirse con nadie, no se trata de una competición, se trata de ser capaces de hablar en público y esto lo vamos a lograr si nos preparamos bien para ello, si somos pacientes, si, en definitiva, persistimos en nuestro empeño.

¿Quién no ha oído alguna vez decir a otra persona que si no conseguía llegar a..., o ser..., se moría? Y qué sorpresa después al comprobar que lo conseguía, que lo había conseguido. Esa persona habrá persistido posiblemente más incluso de lo que la paciencia de cualquiera pueda soportar. Sin embargo ha sido capaz de resistir porque tenía un objetivo claro. Nosotros también lo tenemos y además sabemos que podemos lograrlo.

3. No esperar premios inmediatos

Reproduzco en primer lugar las palabras de William James con que Carneggie hace referencia a la importancia de no buscar premios inmediatos:

«No sienta el joven ansiedad alguna en cuanto al resultado final de su educación, sean cuales fueren sus inclinaciones. Si se mantiene firmemente activo hora tras hora, día tras día, puede despreocuparse, sin riesgo, del resultado final. Sin la menor vacilación, puede contar con que un buen día despertará para hallar que es uno de los hombres competentes de su generación, en la carrera que haya elegido.»

Algunos de los que ahora están leyendo este libro se preguntarán tal vez por qué no buscar el premio al esfuerzo realizado, qué tiene o qué puede tener de malo hacerlo. Bien, sucede que no se realizará bien una actividad de estas características si se lleva a cabo pensando en el premio. Puede ocurrir que no llegue tan pronto como deseamos y esto provoque la frustración y finalmente el abandono. No sería la primera vez y, desgraciadamente tampoco la última, en que una persona inteligente y con todas las posibilidades para llevar a buen puerto lo que pretendía arrojó la toalla antes de lograrlo, desmotivado y frustrado ante la espera de un premio que aún no había llegado. Algo que sin duda, de haber persistido, hubiera logrado. Personas en cambio menos inteligentes, menos brillantes y con menos capacidad, lograron y logran todos los días sus objetivos. La respuesta es sencilla: persistieron en su empeño hasta que lo lograron.

Cuando un escritor, por ejemplo, escribe una novela o un libro de relatos o un poemario pensando en obtener un reconocimiento rápido, una recompensa inmediata, es posible que sufra una desilusión, que incluso le lleve a abandonar su empeño. Más aún, es prácticamente imposible que alguien cree algo pensando solamente en el premio, en el reconocimiento, en labrarse un camino importante con el primer intento.

Es por ello necesario que no piense en la recompensa, en el aplauso entusiasmado del público o en las palmaditas de después del discurso acompañadas de miles de felicitaciones. Puede suceder, mas no era esa su meta. La finalidad de su discurso era llegar al público, interesarle y cautivar su atención, ser capaz de comunicarle lo que deseaba comunicarle.

Si no logra lo que se había propuesto y esperaba un premio inmediato, la frustración será doble. En este caso es cuando más debe persistir, olvidando los premios y las recompensas a su esfuerzo, que sin duda llegarán pero que no eran tu objetivo.

Todo esto no significa ni mucho menos que nos olvidemos de que queremos «vencer». Es decir, que cuando nos preparamos y salimos ante un auditorio en nuestra mente llevamos «escrito» este mensaje: vamos a «vencer», es decir: vamos a lograrlo. La actitud con que trabajemos nos ayudará de una manera que apenas imaginamos. Es igual que cuando jugamos. Si uno piensa antes de empezar una partida cualquiera de cualquier juego que va a perder, lo más seguro es que eso sea precisamente lo que suceda. Si por el contrario nos mentalizamos de que vamos a ganar, tendremos muchas más probabilidades de hacerlo. Si mientras estamos jugando dicha partida cometemos un error y arrojamos la toalla porque damos la partida por perdida, habremos firmado nosotros solos la pérdida del juego. Ahora bien, si a pesar de haber cometido un error seguimos intentando ganar, las probabilidades de «remontar» la partida son muchas. Para ganar hay que querer ganar, y aunque parezca obvio, no lo es tanto. Es por eso que insisto en este punto, que hila además con lo tratado anteriormente, pues la persistencia, el no abandono, influirán decisivamente en el logro final.

4. La claridad

Es indispensable que seamos claros cuando preparemos el discurso, así como cuando lo expongamos ante el auditorio. A lo largo de esta obra se repetirá en varias ocasiones la importancia de la claridad tanto a la hora de escribir el discurso como a la hora de exponerlo en público. Sin claridad, nada será entendible o no perfectamente entendible, lo que perjudica gravemente la comunicación que estamos intentando llevar a cabo con el receptor, porque de lo que se trata es de poder establecer una comunicación con él, esto es: comunicarle «algo». Para que ese «algo» le llegue como deseamos que lo reciba, hemos de ser claros. Mientras prepararemos lo que vamos a decir lo tendremos presente, evitando en todo momento explicaciones confusas o no del todo claras, así como términos que no vayan a ser entendibles por nuestro auditorio. Es tan importante por ello conocer a quién va dirigido el discurso, ya que variará nuestra terminología dependiendo del receptor. Volveremos sobre este punto más adelante.

Ser claros no implica, sin embargo, ser simples y aburridos. Supone exponer el discurso de una manera que sea sencillo para el receptor recogerlo. Si le damos explicaciones que no pueda comprender en el mismo momento en que las recibe estaremos creando un problema de comunicación, dado que todo en un discurso responderá a un hilo conductor que requiere del entendimiento de todas y cada una de las partes de que conste. Si se pierde en algún momento, ¿cómo recuperaremos su interés?

Piénsese en una clase; si el profesor está explicando un tema que desconocemos por completo, y se dedica durante toda su explicación a usar términos que no podemos comprender porque requieren de una base que aún no tenemos, será imposible que comprendamos lo que nos quiere explicar. Es como si nos quieren enseñar a multiplicar ignorando que para ello primero hay que aprender a sumar. No demos pues por hecho que todo es entendible por el mero hecho de que nosotros lo comprendemos sin mayor problema. Pongámonos en el lugar de quienes van a escucharnos y pensemos en si lo que estamos escribiendo será claro para ellos. No pequemos tampoco de simples, es decir, no nos detengamos en aquello que pueda producir tedio por ser demasiado evidente y saberlo el auditorio perfectamente. No será positivo hacerle sentir que le estamos considerando un ignorante o un niño de ocho años a quien hay que explicarle cosas que por supuesto él conoce. Si de todas maneras lo explicamos porque nos ayuda a ser más claros, no dediquemos a estas explicaciones más tiempo del necesario. Seamos breves. La brevedad es buena en cualquier caso, lo que tampoco supone que de tan breves no haya quien nos entienda. Encontremos la mesura.

La claridad no solamente afecta, como veremos en sucesivos capítulos, a la preparación del discurso, afecta también a la manera en que expongamos lo que hemos preparado. Hay que exponer con claridad, hablando con claridad, que todos puedan entendernos con facilidad. Puede esto parecer obvio, sin embargo ¿quién no conoce a una persona que habla tan deprisa y pronuncia a medias las palabras?, ¿somos capaces de entender a la primera todo aquello que nos dice? Si esto sucede con un amigo o familiar le preguntaremos para que repita lo que no hemos comprendido. Si esto sucede en un discurso nadie preguntará, el auditorio se distraerá y el orador no podrá establecer la comunicación que pretende. Volveremos sobre este punto más adelante para profundizar de manera más exhaustiva en él.

Capítulo VI

Del lenguaje

1. La corrección

Al escribir nuestro discurso o al comenzar a hablar ante un número de personas de manera improvisada, porque las circunstancias así lo requieran, existe algo que no se puede pasar por alto: la corrección en el lenguaje. Está claro, y así lo hemos señalado en el apartado dedicado a la improvisación, que cuando nos toca improvisar, la severidad con que se juzgará nuestra manera de expresarnos no será tan elevada como cuando el discurso haya sido previamente preparado. Ahora bien, existen ciertos errores que no son perdonables en ningún caso.

Debemos ser siempre correctos, o lo más correctos que podamos, cuando nos expresemos ante un público, lo que exige cierto conocimiento del medio con que nos comunicamos, esto es, la palabra. Podemos considerarnos magníficos oradores por no temer una intervención pública y por juzgarnos capaces de hablar en cualquier momento aun sin haberlo preparado. No obstante, si nuestras intervenciones no son correctas, lingüísticamente hablando, nunca seremos buenos oradores. El orador se vale fundamentalmente del lenguaje, y si no lo conoce tan bien como debería, cometiendo errores, el resultado no puede ser positivo. Por esta razón será bueno que todo aquel que quiera formarse adecuadamente como orador o que se vea en la necesidad de realizar un discurso repase a fondo la gramática. Dedicamos este apartado a esta cuestión, si bien no tanto como sin duda requiere el tema, por lo que es aconsejable ayudarse de manuales y no dejar nunca sin resolver las dudas que acerca del lenguaje nos vayan surgiendo.

Pueden ser de utilidad los siguientes manuales que a continuación se detallan:

ALARCOS LLORACH, EMILIO: *Gramática de la lengua española*. El conocimiento de la gramática de nuestra lengua es ineludible si uno quiere causar buena impresión cuando habla. Si además el discurso va a ser previamente preparado la necesidad es doble. En esta obra de Alarcos se realiza un estudio exhaustivo y riguroso de la gramática, que servirá sin duda alguna de poderosa ayuda.

BLANCO HERNÁNDEZ, PURIFICACIÓN: *Verbos españoles*. Málaga, 2002. La conjugación de los verbos, sobre todo cuando se trata de los siempre temidos verbos irregulares, es una cuestión que no debe pasarse por alto. Un verbo mal conjugado no es desde luego disculpable. En esta obra pueden consultarse los distintos tipos de conjugación regular e irregular con valiosos ejemplos.

BUITRAGO, ALBERTO Y TORRIJANO, AGUSTÍN: *Guía para escribir y hablar correctamente en español*. 1ª edición. Madrid, 2000. Se trata, en el caso del orador, de escribir bien y correctamente un discurso para luego poder expresarlo en voz alta adecuadamente. Sirve pues esta obra para las dos empresas del orador, ya que no sólo profundiza en importantes cuestiones referentes a la escritura sino que se detiene además en el habla.

GÓMEZ TORREGO, LEONARDO: *Gramática didáctica del español*. 8ª edición. Madrid, 2002. Si algo bueno tiene esta estupenda gramática es la forma en que el autor va explicando todas y cada una de las cuestiones que conforman la gramática del español. Si le añadimos el siempre beneficioso uso de ejercicios (con solucionario incluido) no hay duda de que se trata de una buena obra que ayudará a todos, aprendices o expertos.

GÓMEZ TORREGO, LEONARDO: *Ortografía de uso del español actual.* Madrid, 2000. Al igual que en la Gramática, Gómez Torrego aboga en esta Ortografía por una obra que ante todo sea didáctica y contenga numerosos ejemplos y diversos ejercicios.

MARTÍNEZ DE SOUSA, JOSÉ: *Diccionario de usos y dudas del español actual.* 3ª edición. Barcelona, 2001. No son pocas las ocasiones en que dudamos y nos preguntamos cómo se dirá o escribirá una palabra. Es para esto muy útil la obra de Sousa, en la que se dan respuesta a multitud de dudas que a todos asaltan alguna vez.

REAL ACADEMIA ESPAÑOLA, *Diccionario de la lengua española.* 22ª edición. Madrid, 2001. Tener un buen diccionario debe ser requisito indispensable para todo aquel que se precie de conocer el lenguaje. Nunca se conoce demasiado bien, siempre nacen nuevas preguntas, nuevas palabras cuyo significado desconocemos o no conocemos con exactitud, demasiado acostumbrados a veces a resolver estas cuestiones por el contexto. El Diccionario de la Academia es una buena opción, ya que así estaremos seguros de estar de acuerdo con la norma.

SECO, MANUEL: *Diccionario de dudas y dificultades de la lengua española.* 10ª edición. Madrid, 1998. Una buena opción para consultar las dudas que nos vayan surgiendo. Breve y conciso, pero exhaustivo y exacto, Seco nos da siempre la opción correcta.

SECO, MANUEL: *Gramática esencial del español.* 4ª edición. Madrid, 2002. Una pequeña gramática, útil para la consulta. De fácil manejo. Para iniciados.

VILLAR, CELIA: *Guía de verbos españoles.* Madrid, 2001. Sirve esta obra para la consulta de la conjugación de esos verbos que a veces nos juegan malas pasadas o eludimos al no estar seguros de cómo han de decirse o escribirse correctamente.

2. Errores que debemos evitar siempre que hablemos en público

2.1. La letra que cada vez se pronuncia menos: la x

El sonido que representa la letra x es: ks, gs, no s, como es cada vez más habitual que se pronuncie. En ciertos contextos, es decir en ciertas palabras esto es inevitable, es el caso de xilofón o xenofobia, por ejemplo. Al estar la x al inicio de la palabra resulta casi imposible pronunciarla. En estos casos el orador no debe preocuparse. Ahora bien, lo que debe intentar es que en los demás casos, donde la x sí es pronunciable, no relaje su pronunciación y acabe diciendo s cuando debe ser x.

El hecho de que cada vez se extienda más la pronunciación de x como s acarrea problemas en ciertas palabras, que acaban por decirse de la misma manera cuando en realidad se escriben de forma distinta y son por ello palabras diferentes. Valga el siguiente ejemplo como ilustración de lo que vengo diciendo: seso. Si decimos seso cuando lo que queremos decir es sexo, no solamente estaremos pronunciando mal una letra, sino que además estaremos generando cierta confusión ante nuestro auditorio, dado que no es lo mismo seso que sexo.

Por esta razón se exponen a continuación algunas pautas de escritura de la x que nos ayudarán, en caso de necesidad, a saber cuando una palabra se escribe con x y por tanto ha de pronunciarse como tal. En todos los casos, salvo cuando esta letra se halle a principio de palabra, habremos de intentar pronunciar la x.

Se escriben con x:

Las palabras que empiezan por:

- xeno-: xenofobia, xenófobo
- xilo-: xilófago, xilófono, xiloprotector
- ex- (prefijo): excarcelar, extradición
- extra-: extramuros, extrajudicial

Existen ciertas palabras, a las que antes me he referido, en las que la única diferencia estriba en una letra. Es decir que dos palabras se escriben igual casi en su totalidad, siendo una única letra lo que varía. En este caso se trata de palabras que se escriben con s o con x y que son por tanto palabras diferentes, que deben ser pronunciadas de manera diferente. Si hay una s, pronunciaremos s. Si es una x lo que tenemos delante, será x –y no s– lo que pronunciaremos.

Dado que a veces generan confusión estos pares de palabras. se incluyen a continuación aquellas que más se usan y que, por ello, mayor riesgo corren de ser confundidas. Saberlo permitirá al orador no incurrir en este tipo de error, que tanto afeará su exposición ante un público.

- **Contexto / Contesto**

Contexto. «Entorno lingüístico del cual depende el sentido y el valor de una palabra, frase o fragmentos considerados. || Entorno físico o de situación, ya sea político, histórico, cultural o de cualquier otra índole, en el cual se considera un hecho».

No se pueden sacar las cosas de su contexto, ya que pierden su valor real, cambia su significado.

Todo depende del contexto en que suceda, ya que lo que en una situación puede ser muy adecuado en otra puede ser todo lo contrario.

Contesto. Primera persona del singular, presente de indicativo, verbo «contestar».

Yo te contesto ahora mismo esa pregunta.

Siempre contesto yo cuando preguntan a Juana.

• **Expirar / Espirar**

Expirar. «Morir».

Cuando llegue el momento de expirar espero no enterarme, no sufrir.

Espirar. «echar el aire cuando respiramos».

Primero hay que inspirar, después hay que espirar.

• **Expiar / Espiar**

Expiar. «Borrar las culpas, purificarse de ellas por medio de algún sacrificio».

Debes expiar tus culpas, si es que de verdad te consideras un buen cristiano.

Espiar. Verbo «vigilar».

He decidido espiar a mi esposa, porque intuyo que tiene una aventura con un compañero de trabajo.

• **Extirpe / Estirpe**

Extirpe. Verbo «extirpar».

Cuando extirpe el quiste que tiene usted en la oreja, no se podrá volver a poner pendientes.

Estirpe. «Linaje».

Siempre recurre a su estirpe, como si eso fuera a salvarle de cualquier crítica.

• **Sexo / Seso**

Sexo. «Condición orgánica, masculina o femenina, de los animales y las plantas. ‖ Órganos sexuales. ‖ Placer venéreo».

No sé por qué te cuesta tanto hablar de sexo; es algo natural al fin y al cabo.

Seso. «Cerebro, parte del encéfalo que está situado delante y encima del cerebelo».

A mí de pequeño me daban seso para comer, decían y creían que era muy bueno.

Se usa también en sentido metafórico.

¿Es qué has perdido el seso o qué?

2.2. Palabras no tan fáciles de escribir ni de pronunciar correctamente

Ciertas palabras del español generan dudas en los hablantes a la hora de escribirlas y aún más: de decirlas, porque su ortografía presenta para algunos determinados problemas, lo que genera además que no se pronuncien adecuadamente. Son muchas las que se podrían tratar en este capítulo, sin embargo sólo las más usadas y quizá también más «problemáticas» tendrán cabida.

• Abasto, ¿una o dos palabras?

Siempre se escribe en una sola palabra: abasto, siendo incorrecto escribirla en dos: *a basto, aunque sea frecuente esta última grafía. Esto significa que debemos pronunciar esta palabra como lo que es: una única palabra y no dos.

Con tanto trabajo yo ya no doy abasto.
¿Cómo pretendes que dé abasto con toda la tarea que me has puesto y el poco tiempo que me has dado?
El pobrecillo ya no da más abasto, lleva tres meses encerrado estudiando y ha suspendido.
Si diera abasto te prometo que lo haría, pero es imposible, ya no puedo más.

• Hay que escribir y decir -cc- en: acción (y derivados: transacción, putrefacción, extracción...), calefacción, instrucción, corrección, conducción.

Estas palabras (y sus derivados) siempre se escriben con -cc-: acción, transacción, putrefacción, extracción, calefacción, instrucción, corrección, conducción... Luego cuando hablemos no podremos ni deberemos pasar por alto su escritura y pronunciaremos las dos ces. No es raro que se relaje la pronunciación y escuchemos en más de una ocasión *transación en lugar de transacción, por ejemplo. No obstante, si esto no tiene demasiada importancia cuando se está hablando a nivel privado, sí la tendrá cuando estemos hablando ante un auditorio. Una buena forma de evitar este tipo de pronunciación es que desde este mismo momento comencemos a pronunciar siempre el segmento -cc-. Al adquirir el hábito podremos estar tranquilos ante un auditorio, porque pronunciaremos de forma correcta.

No hace falta que digas nada, tu buena acción habla por ti.
¿Hiciste ya la transacción bancaria?
La congelación evita la putrefacción de los alimentos.

La extracción del quiste aliviará tu dolor.
¿Está puesta la calefacción?
Dame una sola instrucción más y no haré nada de lo que me has mandado.
La corrección ortográfica es fundamental.
La conducción temeraria acaba siempre llevándole a uno a un accidente.

• Un grupo consonántico que genera dudas: -bs-
En ciertas palabras el grupo -bs- puede aparecer con la -b- y sin ella. Es más habitual actualmente que no aparezca la -b-, además de ser también preferible dicha omisión. Valga lo dicho para el habla. Esto no sucede en todas las palabras que contengan el grupo consonántico citado, pero sí en algunas:

oscuro, sustancia, sustraer, sustrato

Las palabras que por el contrario no pueden prescindir de tal -b- son las siguientes:

abstemio, abstenerse, abstraer, obstáculo, obstinar...

Prescindir de la b en estos últimos casos señalados (abstemio, abstenerse...) es incorrecto. Y por lo tanto tampoco deberemos omitir dicha b cuando estemos hablando.

• No deben pronunciarse de la misma manera ni escribirse de igual forma: hay, ahí.
Aunque estas dos palabras no deberían pronunciarse igual, pues hay no lleva tilde y su acento recae sobre la a, y ahí lleva tilde en la í, sucede que algunos hablantes pronuncian ambas palabras de la misma forma. Es incorrecto, pues son diferentes en su acentuación, mas el hecho de que algunos lo hagan da lugar a ciertas dudas. Por esta razón se explica a continuación lo que significa cada una de ellas.

-Hay: verbo haber.

¿Hay patatas en casa?
¿Hay gente en la fiesta?
¿Hay hombres en la piscina?

-Ahí: adverbio de lugar.

Pon las cosas ahí.
Deja los libros ahí.
Ahí es donde tienes que quedarte.

• Patena no es lo mismo que pátina.

Patena: «Platillo de oro o de otro metal, dorado, en el cual se pone la hostia en la misa desde acabado el paternóster hasta el momento de consumir. || Lámina o medalla grande con una imagen esculpida, que se pone al pecho y la usan para adorno las labradoras. || Muy limpio».

No debe confundirse esta palabra con pátina o patina, las cuales se explican a continuación. La imagen que daríamos al hacerlo ante un auditorio sería desde luego negativa. Resultaríamos a los asistentes poco cultos, algo que no debemos permitirnos. Los errores graves en el lenguaje, así como las confusiones de significado deben ser evitados siempre por todo orador (o futuro orador) que se precie.

• Pátina.

Pátina: «Especie de barniz duro, de color aceitunado y reluciente, que por la acción de la humedad se forma en los objetos antiguos de bronce. || Tono sentado y suave que da el tiempo a las pinturas al óleo y a otros objetos antiguos. || Ese mismo tono obtenido artificialmente. || Carácter indefinido que con el tiempo adquieren ciertas cosas».

El error ortográfico que se comete a veces en esta palabra es pronunciarla o escribirla sin la obligada tilde sobre la primera a: pátina.

Incorrecto:
patina
Correcto:
pátina

• No escribamos ni digamos una n donde no la hay: reivindicar.

Este verbo, reivindicar, y todas sus formas y derivados, no tiene una n entre la primera i y la v, luego la grafía: *reinvindicar es absolutamente incorrecta.

Lo correcto tanto al hablar como al escribir es: reivindicar.

Reivindicaron sus derechos.
Es necesario hacer una reivindicación.

3. La construcción correcta del plural

El nombre, como bien sabe el lector, puede ser singular o plural, y a esto último es precisamente a lo que llamamos número. Veamos ahora qué es singular y qué es plural, o más exactamente qué designa cada número.

• Singular: designa un solo ser o realidad.
• Plural: designa más de un ser o realidad.

La dificultad no estriba, tal y como puede comprobarse, en saber si un nombre es singular o plural, sino en cómo se forman determinados plurales. Para ello debemos conocer las siguientes pautas de formación de plural. Algo que debemos saber si no queremos cometer errores cuando estemos hablando en público. Es normal que dudemos en determinados casos, y es en ese momento cuando hay que solucionarlo. Aconsejo al lector que nunca deje para más tarde este tipo de dudas, pues corre el riesgo de no hacerlo y no solventar su pregunta, con lo que en alguna ocasión, en que pueda darse la circunstancia de que tenga que improvisar ante un auditorio, se equivoque. Si bien es cierto que cuando improvisamos no seremos juzgados con la misma severidad que cuando hayamos preparado un discurso, siempre será mejor usar el lenguaje de la mejor manera. Y para ello es imprescindible que demos respuesta a las dudas en el momento en que surjan.

Veamos ahora cómo se realiza la formación del plural:

• Añadiendo –s cuando los sustantivos terminen en vocal átona (es decir, no acentuada) y también cuando terminen en –é tónica (acentuada), –á tónica (acentuada), –ó tónica (acentuada). Café (termina en –é tónica): cafés, coche (termina en vocal no acentuada)? coches, mamá (termina en –á tónica): mamás...

vocal átona -é tónica -á tónica -o tónica coche: coches
cama: camas   café: cafés
té: tés   mamá: mamás
papá: papás
buró: burós
capó: capós

• Añadiendo /es/ cuando el sustantivo termina en consonante (sol, soles) o en –í tónica (alhelí-alhelíes). Este plural ocasiona en algunos casos ciertas dudas.

nombres acabados en –í tónica
nombres acabados en consonante
alhelí: alhelíes
israelí: israelíes
jabalí: jabalíes
iraquí: iraquíes
iraní: iraníes
camión: camiones
poder: poderes
cajón: cajones

Thank you for using Helen Hall Library's
Express Checkout!

**********8158 MORENO, LUZ MARINA

33046003423500
Hablar en piublico correctamente
DATE DUE: 12/31/2013,23:59

33046003458480
Cambia tu mente y tu vida cambiaria : 12
principios para el diia a diia
DATE DUE: 12/31/2013,23:59

33046003096280
No te ahogues en un vaso de agua, siolo
para adolescentes : estrategias sencillas
para enfrentar los problemas y retos de la
juventud
DATE DUE: 12/31/2013,23:59

100 W. Walker, League City, TX 77573
(281) 554-1111
LIBRARY HOURS
MON-THURS: 10 a.m. to 9 p.m.
FRI-SAT: 10 a.m. to 6 p.m.
SUN: 1 p.m. - 5 p.m.
Checked Out / # Not Checked Out
3 / 0

tambor: tambores
papel: papeles
motor: motores

Existen algunos nombres en plural que designan singular. Es el caso de: las gafas, las tijeras, las pinzas, los alicates, los pantalones. Nos referimos en los ejemplos citados a un único elemento o realidad, pues cuando decimos, por ejemplo: dame las gafas, estamos solicitando una sola cosa, no varias, como haría suponer el uso del plural. No obstante, también es cierto que muchos de los nombres señalados se usan también en singular: gafa, pantalón, tijera, pinza... Sin embargo, los objetos designados por estos nombres están compuestos por dos partes (las gafas tienen dos partes, así como los pantalones, pinzas, tijeras...), y, por lo tanto, será mejor, más adecuado, usarlos en plural.

Conviene citar también en este apartado a esos sustantivos cuya existencia sólo puede darse en plural, porque carecen de singular: entendederas, añicos, víveres, nupcias... Por tanto, es del todo incorrecto su empleo en singular, evitemos pues: *entendedera, *añico, *víver, *nupcia.

4. Uso correcto e incorrecto del determinante posesivo

El determinante que más errores provoca tanto en la lengua escrita como en la hablada es el determinante posesivo. La razón de este error es que se usa detrás del nombre al que acompaña cuando debe ir antepuesto. Pero veamos primero cuál es el determinante posesivo que debe ir antepuesto:

Los determinantes posesivos que hemos visto en la tabla siempre ocuparán una posición anterior al nombre:

Singular		Plural	
masculino	femenino	masculino	femenino
mi	mi	mis	mis
tu	tu	tus	tus
su	su	sus	sus
nuestro	nuestra	nuestros	nuestras
vuestro	vuestra	vuestros	vuestras
suyo	suya	suyos	suyas

mi hermano, su tía, tu libro, nuestras ideas, sus amigos, vuestra vida...

Sólo los determinantes nuestro/a(s), vuestro/a(s) pueden posponerse:

eso es cosa vuestra
esto es cosa nuestra

Ahora bien, el determinante posesivo puede posponerse en más ocasiones que en las citadas, en cuyo caso la forma que adopta es la siguiente:

Este determinante posesivo es, por tanto, el que va pospuesto al nombre.

Singular		Plural	
masculino	femenino	masculino	femenino
mío	mía	míos	mías
tuyo	tuya	tuyos	tuyas
suyo	suya	suyos	suyas
nuestro	nuestra	nuestros	nuestras
vuestro	vuestra	vuestros	vuestras
suyo	suya	suyos	suyas

hijo mío, cielo mío, vida nuestra...

No obstante, hay que emplear este determinante con precaución, ya que puede cometerse el error que a continuación se ejemplifica:

Ponte detrás mío/mía.
Vete delante suyo/suya.
Iré encima tuya/tuyo.
Estaba delante nuestro/nuestra.
Hablé detrás vuestro/vuestra.

Todas las construcciones que acabamos de ver son incorrectas. Serían correctas de la siguiente manera:

Ponte detrás de mí.
Vete delante de él/ ella.
Iré encima de ti.
Estaba delante de nosotros/nosotras.
Hablé detrás de vosotros/vosotras.

Dejan de ser en estos ejemplos determinantes posesivos, y se convierten en pronombres: mí, él, ella, ti, nosotros, nosotras, vosotros, vosotras. Recuerde el lector que el determinante siempre acompaña a un nombre, mientras que el pronombre siempre va solo, es decir que no acompaña a palabra alguna en la oración. Por ello, en las últimas oraciones ya no se trataba de determinantes sino de pronombres, pues como puede comprobarse aparecen solos, no acompañan a un nombre.

5. Artículo masculino + nombre femenino

Existen en español algunos nombres que siendo femeninos llevan en singular artículo masculino.
el águila
el agua
el aula

el arma
el alma
el ama
el área
el hacha

Sin embargo, cuando estos mismos nombres están en plural el artículo que los acompaña es femenino.

las águilas
las aguas
las aulas
las armas
las hachas
las almas
las amas
las áreas

Esto es así porque todos los sustantivos femeninos que comiencen por a- o ha- tónicas deberán llevar en singular el artículo el y nunca la, aunque en plural el artículo sea femenino concordando con el género del nombre al que acompañan.

Ahora bien, si entre el artículo y el sustantivo hay otra palabra el artículo no será el, sino que será la.

la inmensa águila
la salada agua
la pequeña aula
la peligrosa arma
la vieja hacha
la triste alma
la joven ama
las grandes áreas

En el siguiente caso también llevará determinante masculino:

un águila

un ama
un hacha
un ama

En plural será femenino:

unas águilas
unas amas
unas hachas
unas amas

Si es un determinante demostrativo (este/a, ese/a, estos/as, esos/as) lo que antecede al sustantivo femenino con a-, ha- tónicas, éste estará en femenino.

esa/ esta/ aquella águila
esa/ esta/ aquella agua
esa/ esta/ aquella aula
esa/ esta/ aquella arma
esa/ esta/ aquella hacha
esa alma/ esta/ aquella alma
esa ama/ esta ama/ aquella ama
esa/ esta/ aquella área

Si es un determinante indefinido lo que antecede al sustantivo femenino con a-, ha- tónicas, el indefinido en cuestión deberá ir en género femenino.

mucha/ poca/ demasiada/ tanta agua

6. Cualquier, cualquiera, cualesquiera

El determinante cualquier es válido tanto para masculino (ej: cualquier hombre), como para femenino (ej: cualquier mujer), y ha de ir antepuesto al nombre.

Nunca me he conformado con cualquier cosa.
Me basta con cualquier mujer.
Valdrá cualquier hombre.

El determinante cualquiera es válido también para masculino y femenino. Debe ir pospuesto al nombre al que acompaña.

Era un perro cualquiera.
Era una gata cualquiera.

Cualesquiera es el plural de cualquiera y su posición es la pospuesta:

Dos gatas cualesquiera.
Dos mujeres cualesquiera.

En ningún caso se debe usar la extendida y habitual pero incorrecta construcción:

*Dos gatas cualquiera
*Dos mujeres cualquiera

El nombre es plural: gatas/ mujeres, por lo que el determinante que acompaña ha de ser plural también, y la forma cualquiera es singular. Debe ser cualesquiera el determinante que acompañe a nombres plurales.

7. Cada

Este determinante no varía, siempre permanece en su misma forma: cada.

Cada persona es un mundo
Cada diez años me suben el sueldo

Vemos en los dos ejemplos que el determinante cada no varía, aunque en el primer caso acompaña a un nombre femenino singular (persona), en el segundo ejemplo a un nombre masculino plural (años) y en el tercero a un nombre femenino singular.

• Advertencia:

·Es incorrecto:
*voy al colegio cada día
·Es correcto:
voy al colegio todos los días

No debe usarse el determinante cada como sinónimo de todos, razón por la construcción antes ejemplificada: voy al colegio cada día es incorrecta.

8. Sendos, sendas

Definamos este determinante, que sólo puede emplearse en plural, porque parece existir cierta confusión referente a su significado.

Sendos, sendas: «uno o una para cada cual de dos o más personas o cosas» (Diccionario RAE).

Veamos ahora un ejemplo:

Los ingenieros del grupo A presentaron sendos proyectos de fin de carrera

Quiere decir el ejemplo que cada ingeniero del grupo A presentó un trabajo.

Este es el significado con que debe emplearse siempre este determinante.

9. ¡Ojo con el comparativo!

La formación del grado comparativo no ofrece en principio mayor problema (Juan es más listo que él, Pepe es menos astuto que tú...). No obstante, hay que tener siempre presente que existen adjetivos que ya son comparativos, y que, por lo tanto, no necesitan las partículas mediante las cuales se establece la comparación:

más............que
menos........que

Es el caso de adjetivos como mayor, menor, mejor, peor, inferior, superior. Al ser adjetivos comparativos no necesitan tales partículas de comparación mediante las que se establece la comparación, y en consecuencia es incorrecto ponerlas con los adjetivos señalados. Sin embargo, no es tan raro que tanto en la lengua hablada como en la escrita encontremos el error ahora mencionado.

Es, por consiguiente, incorrecto:
*más menor
*menos menor
*tan menor
*más mayor
*menos mayor
*tan mayor
*más mejor
*menos mejor
*tan mejor
*más peor
*menos peor
*tan peor

No debe, pues, olvidar el lector que los adjetivos mayor, menor, superior, inferior, mejor, peor no admiten gradación, no pudiendo por ello aparecer con partículas de comparación.

Incorrecto: *Ana es más mayor que Juana.*
Correcto: *Ana es mayor que Juana.*

El adjetivo mayor es comparativo, por lo que no necesita la partícula comparativa más.

Incorrecto: *Mi tía es más mayor que tu tía.*
Correcto: *Mi tía es mayor que tu tía.*

Sólo en un caso es correcto emplear la partícula comparativa más.

Cuando sea más mayor haré lo que quiera.

Si prescindimos de más en este caso, la oración resultante tiene otro significado:

Cuando sea mayor haré lo que quiera.

En el primer caso (más mayor) se entiende que la persona que habla no tiene necesariamente que ser pequeña, mientras que en el segundo caso (mayor) la persona que habla es necesariamente pequeña.

Podrás salir por la noche cuando seas más mayor.
Tendré un buen coche cuando sea más mayor.

Si prescindimos de más el sentido de la oración no es el mismo:

Podrás salir por la noche cuando seas mayor.
Tendré un buen coche cuando sea mayor.

10. La construcción correcta del superlativo

Que se añada –érrimo o –ísimo al adjetivo para formar el adjetivo superlativo es algo que depende del adjetivo mismo:

pobre: paupérrimo
célebre: celebérrimo
guapo: guapísimo
bella: bellísima

Existen alternancias, es decir que algunos adjetivos admiten las dos terminaciones –érrimo, -ísimo:

Cruel: cruelísimo y crudelísimo
Amigo: amicísimo y amiguísimo
Fuerte: fortísimo y fuertísimo
Bueno: buenísimo y bonísimo

De la misma manera que existen adjetivos en grado comparativo que no necesitan partículas comparativas, existen adjetivos que ya son superlativos:

óptimo, pésimo, mínimo, ínfimo, supremo

Esto supone que en estos adjetivos no usaremos partículas ni añadiremos terminaciones de superlativo.
Es incorrecto pues: *optimísimo, *pesimísimo...etc.

Y por último, tenga el lector en cuenta que cuando un adjetivo está ya en grado superlativo, por ejemplo: guapísimo, buenísimo, riquísimo..., no admite la anteposición de muy.

Incorrecto: *Este pollo está *muy buenísimo.*
Correcto: *Este pollo está buenísimo.*

Incorrecto: *Este chico es *muy guapísimo.*
Correcto: *Este chico es guapísimo.*

Incorrecto: *Mi hijo es *muy buenísimo.*
Correcto: *Mi hijo es buenísimo.*

Con la finalidad de que el lector pueda hacerse una idea más global, se incluye a continuación una tabla en la que vemos reflejados aquellos adjetivos que no requieren partículas comparativas por poseer formas comparativas y superlativas, así como los adjetivos de los que derivan.

Grado positivo	Grado comparativo	Grado superlativo
bueno	mejor	óptimo
malo	peor	pésimo
pequeño	menor	mínimo
grande	mayor	máximo
bajo	inferior	ínfimo
alto	superior	supremo

El hecho de que estos adjetivos posean formas en grado comparativo y superlativo no significa que en todos los contextos deban aparecer las señaladas en la tabla. En el enunciado Juan es más alto que Bertín no podemos decir Juan es superior a Bertín, porque no se refiere al grado, sino a la altura. Así sucede en los otros casos, por lo que no debe confundirse el lector al observar la tabla expuesta, y pensar que siempre ha de utilizarse de la forma en que aparece en la tabla, pues dependerá del contexto.

Capítulo VII

Lo correcto y lo eficaz

1. La dicción

Cuando alguien habla en público ha de saber cómo pronunciar correctamente cada una de las palabras que en su discurso, previamente escrito, figuran. Esto supone que si existiera alguna duda al respecto mientras lo estamos preparando o ensayando la resolvamos. En el capítulo anterior se daban ciertas pautas y se corregían errores frecuentes referentes a la pronunciación de determinadas palabras o letras (recuérdese, por ejemplo, el caso de la letra x). Si el discurso o las palabras que digamos ante un auditorio responden, por necesidad a la improvisación, tendremos especial cuidado en ser correctos. Aunque como veremos a lo largo de este capítulo importa además de ser correctos ser eficaces. Y esto se logra también con la manera en que digamos lo que estamos diciendo.

Evitaremos así las habituales terminaciones de las palabras en –ado que se convierten normalmente en –ao (soldao, marchao, helao...) y nos esforzaremos por pronunciar la –d– que sin duda existe y no hay razón para omitirla (soldado, marchado, helado...). Intentaremos también deshacernos de los habituales mmm, emmm, que tanto afean nuestras palabras ante un discurso y que nos hacen parecer dubitativos o inseguros. Tenemos que disuadir al público, convencerle de que lo que decimos es como lo decimos; de ahí la importancia de no dudar. La seguridad es un punto clave, y atañe a todo lo que hagamos y digamos, y sobre todo a cómo lo hagamos.

Una vez estemos preparados en lo referente a una dicción correcta, pasaremos a perfeccionar una dicción eficaz. Porque se puede ser muy correcto y nada convincente. Con ser correctos no basta. Con respetar la gramática no basta. Hay que ir más allá, hay que convertir lo que estamos diciendo en algo que seduzca a nuestro público, algo que les entusiasme y les convenza, y para ello hay que saber cómo decirlo, cómo hacérselo llegar.

Y es que tal y como Antonio López Eire señala en su obra *Retórica clásica y teoría literaria moderna*: «una cosa es hablar correctamente y eso es el objetivo de la gramática o arte de hablar correctamente y otra distinta hablar bien en público, como es debido, con la eficacia que la ocasión exige, [...], o sea, de manera apropiada, eficaz y hasta ventajosa».

El objetivo pues pasa porque nuestra forma de hablar en público posea un grado efectivo de agilidad, ya que lo monótono, por muy correcto que sea, suele causar aburrimiento.

Si una persona permanece sentada, quieta y con el mismo tono de voz durante su discurso, lo más seguro es que no consiga captar la atención de una sola persona. Además las reacciones son contagiosas entre las personas, lo que debe servirnos para saber que si logramos «enganchar» a la mayoría, el resto quedará también cautivado; en el ambiente irá circulando el gusto por lo que decimos y por lo tanto también contagiándose.

Queremos que quienes no escuchen nos atiendan, y deseamos que disfruten con lo que les estamos contando. Por esta razón nos esforzaremos en buscar una forma atractiva de comunicar, donde entra la acción de nuestras palabras, es decir, la forma activa de decirlas.

2. El movimiento, la acción

Cuando hablamos a diario con cualquier persona de las que habitualmente forman parte de nuestro «día a día» no estamos preocupados por captar al cien por cien su atención, y nos comunicamos de una forma normal sin grandes esfuerzos por atraer su atención. Usamos un lenguaje que debe (eso siempre) ser correcto, pero nada más.

Hablar en público es, como bien sabe el lector, un ejercicio bien distinto, que no puede pasar por un ejercicio cotidiano de comunicación. Ante un auditorio sí necesitamos captar su atención para lo que no nos valdrá lo que normalmente nos vale cuando conversamos o hablamos en situaciones normales. Puede servir aquí de ejemplo el momento en que deseamos gustar a una persona, enamorarla, en definitiva, seducirla. Es entonces cuando sacamos, o así lo intentamos, lo mejor de nosotros y se lo mostramos, intentando que todo aquello que de nosotros nos disgusta no asome en momento alguno. Nos comportamos de esta manera porque queremos captar toda su atención y cautivar a esa persona. Ante un auditorio ha de ocurrir algo parecido, salvando las distancias, evidentemente. Se trata de «enganchar», y no lo haremos si nos quedamos parados, hablando de manera monótona y aburrida. Esto nunca lo haríamos ante la persona que nos gusta, y ante un auditorio tampoco debemos hacerlo.

A este respecto se lee en la obra *Retórica clásica y teoría literaria moderna* de Antonio López Leire lo siguiente:

«La Retórica [...] recomienda e incluso impone y exige, en cuanto arte normativa del discurso eficaz y por tanto capaz de deleitar, [...], la labor de dotarlo de

movimiento o marcha o garbo a base de modificar moderadamente el uso lingüístico común y desviarse con prudencia del empleo de voces y construcciones gramaticales autorizadas y de curso legal, pero muy comunes y acostumbradas, por muy gramaticalmente, correctamente, que se las profiera.»

Nadie entienda estas palabras en otro sentido que en el de la necesidad de no caer en lo más común, aunque esto sea correcto gramaticalmente. En ningún caso cometeremos errores que afecten a la lengua, y así se ha señalado ya en pasados apartados. Ahora bien, no nos conformaremos con lo correcto, estamos buscando lo eficaz, y para ello es necesario apartarse un poco de lo común. Pero, cuidado, no se trata de convertirnos en actores que engolan la voz y declaman poemas mirando al cielo. Todo debe ser medido, prudente, porque si hay algo fundamental es que parezcamos naturales. Si exageramos nuestros gestos, forzamos nuestro tono en exceso y llenamos nuestro discurso de palabras grandilocuentes y en desuso estaremos logrando el efecto contrario al deseado. Resultaremos cursis o artificiales o pedantes o simplemente no llegaremos al auditorio. El exceso no nos ayudará, por eso hay que buscar la manera en que pareciendo naturales nos salgamos de lo más común. Si bien, reitero, nunca para caer en la exageración y en la desmesura.

Queremos persuadir, atraer, cautivar o incluso emocionar, y si exageramos es muy probable que lo único que logremos es que o se rían de nosotros o nos juzguen pedantes y prepotentes. El secreto está en parecer naturales, aunque no lo estemos siendo o no del todo.

Todo esto nunca debe ir en detrimento de la claridad con que presentemos nuestro discurso, pues ser claros es un requisito del que no podemos prescindir si deseamos transmitir un mensaje. ¿Cómo vamos a llegar a un público si lo que le estamos diciendo es confuso y farragoso? Claros en el contenido y claros también en la forma, es decir, que hablemos y pronunciemos de manera clara, pues si obligamos a quienes nos escuchan a esforzarse demasiado para intentar averiguar qué es lo que estamos diciendo la atención decaerá. Nadie aguantará mucho escuchándonos. Sencillamente porque no nos entienden. Para atraer la atención de un auditorio debemos procurar que nuestra voz y nuestras palabras resulten todo lo agradables que nos sean posibles, y desde luego de agradable tiene muy poco estar escuchando a una persona que habla de manera atropellada, no vocaliza y por tanto imposibilita que sea escuchada de manera relajada y agradable.

Existe una manera sencilla de entrenarnos en este ejercicio, y es la lectura en voz alta. Nos pondremos como meta leer todos los días durante un buen rato algún capítulo de una novela o un fragmento de un ensayo, intentando que nuestras palabras fluyan de manera clara, procurando pronunciar todas y cada una de las letras de cada palabra del texto escogido. Si queremos comprobar nuestros avances no tenemos más que grabarnos mientras leemos desde el primer día. Así seremos más conscientes de qué palabras no pronunciamos como deberíamos o qué hay que mejorar. Puede que sea la velocidad, que nos cueste leer de una manera que parezca natural mientras tratamos de pronunciar adecuadamente. Pero no nos desesperemos ni arrojemos la toalla, poco a poco los resultados llegarán. Si persistimos, lo lograremos.

Puede ocurrir que al escucharnos en la cinta leyendo en voz alta nos parezcamos en exceso desmesurados o artificiales, en cuyo caso ya sabemos dónde tenemos que mejorar. Hablar pronunciando cada letra de cada palabra, sin comernos ni una sola y siendo claros, no supone que tengamos que hablar de una manera exageradamente lenta. No puede parecer que estamos aprendiendo a hablar y por eso lo hacemos tan despacio.

Sea como fuere, no desistiremos y practicaremos todo el tiempo que nos haga falta. De esta manera lograremos expresarnos de manera clara y adecuada. Este es desde luego el paso inicial, para poder luego hallar la forma que mejor cautive o agrade, apartándonos, como decía al principio de este capítulo, de todo aquello que pueda aburrir por resultar en exceso común o habitual.

3. En busca de la admiración

Es evidente que si logramos que quienes nos están escuchando nos admiren, habremos logrado captar su atención, y todo aquello que les digamos lo tomarán con mucha más facilidad como algo cierto y serio. Y ahora es cuando viene la pregunta difícil: ¿cómo se logra la admiración de un auditorio?

Conseguiremos que nos admiren (al menos mientras estamos frente a ellos) si somos capaces de emitir un discurso con todo el atractivo posible, si podemos captar toda su atención y si lo que les estamos contando les resulta ante y sobre todo verosímil. El modo en que hablemos jugará una importante baza en esta labor. ¿A quién no le agrada escuchar una hermosa voz que sabe cómo decir cada cosa? Cuando encendemos la radio, por ejemplo, y escuchamos una voz bonita que sabe cómo contar algo nos quedamos sin querer escuchándola, al menos unos minutos. Si es capaz de mantener nuestra atención mediante la forma en que dice lo que está diciendo y, claro está, el fondo de lo que está diciendo, habrá logrado el objetivo deseable para cualquier orador: atraer al público. Es por ello que concedemos tanta importancia a la manera en que diremos el discurso. Sin descuidar nunca, eso sí, el contenido, ya que si sabemos cómo hablar de manera efectiva pero no decimos nada relevante, el auditorio se dará cuenta antes o después y tampoco habremos conseguido lo que buscábamos. Ahora bien, mucho cuidado con pasarnos. No podemos en caso alguno excedernos, recuerde el lector que debemos parecer naturales. Nunca la artificialidad ha logrado buenos resultados. De tal manera que si damos la sensación de estar declamando o recitando o engolado nuestra voz, el exceso de artificio está servido.

Hay que ser uno mismo pero sabiendo sacar lo mejor que poseamos. Igual que cuando queremos gustar, recuerde el lector el ejemplo anteriormente citado. Cuando estamos con una persona que deseamos se sienta atraída por nosotros nos mostramos como somos, pero no del todo, ya que lo que nos disgusta lo ocultamos. Pues bien, aquí haremos algo semejante, sin prescindir jamás de quienes somos en realidad. Si fingimos, el auditorio se dará cuenta. No se trata de actuar. Se trata de encontrar lo mejor de nosotros para cada ocasión de las que nos vayan surgiendo para hablar en público.

Un buen orador debe siempre ser capaz de pronunciar discursos que sean elegantes y que gusten a quien los escucha. Si no hablamos con elegancia, difícilmente lograremos esa admiración de la que hablamos. ¿Quién no admira lo que es elegante? Pues bien, y así se ha tratado de demostrar en este apartado, es posible serlo cuando hablamos y de hecho eso debemos buscar.

4. Evitar la imitación al hablar

Puede ocurrir que en nuestro deseo de ser admirados, busquemos ser como alguien a quien nosotros admiramos, creyendo con ello que así nosotros también lo seremos. Pero esto nunca es un buen recurso para un orador. Intentar ser otro cuando somos personas individualizadas es un error que nunca dará un buen resultado, y desde luego no es un buen método para enfrentarnos a un auditorio con soltura y de manera brillante, que es en definitiva de lo que se trata y lo que pretendemos.

La realidad, nos guste o no, es que sólo existió un Bethoven o un Amadeus Mozart, y que está bien fijarse en sus perfecciones y logros como una forma de referencia, como un buen modelo, pero nunca intentando imitarlos, porque jamás seremos ellos de la misma manera que nadie podrá ser como nosotros.

Una de las razones que mueve a algunas personas a adoptar un modelo para imitarlo cuando deben hablar en público es que ellos no se sienten lo suficientemente valorados o tenidos en cuenta como para hablar tal y como ellos mismos hablarían, si no estuviesen pendientes de emular a otra persona. Si actúan así es porque creen que el público nunca les atendería si se mostraran tal y como son (aunque en esos momentos estemos mostrando solamente lo mejor de nosotros mismos). La solución a este problema, que no es tan inusual como algún lector pueda creer en estos momentos, suele encontrarse en hallar la seguridad y confianza que fue descrita con anterioridad en esta obra.

Se trata de ser uno mismo, no de copiar a otro. Hay que vencer los obstáculos desde la propia individualidad, sabiendo que es posible interesar a un auditorio, sin necesidad de acudir a otro modelo. No hay que copiar ni imitar, aunque no sea malo admirar a algún orador y en algún caso fijarnos en él para poder aprender todo lo que pueda enseñarnos.

Ser uno mismo es comportarse naturalmente, es hablar sin entonar artificiosamente, y utilizar el cuerpo como lo hacemos siempre. Aunque en estas ocasiones saquemos el máximo partido a cada uno de nuestros movimientos. Esto siempre es mejor que adoptar un rol y pretender convertirnos en otra persona o en una combinación de diversas referencias.

Existen personas que a la hora de hablar en público se transforman tanto que parecen actores. Cuando nuestra intervención se realiza ante personas que no nos conocen creerán que somos así, pero si hemos tenido un trato anterior con el público al que nos dirigimos lo más sencillo es que durante nuestra exposición se distraigan, pues en su mente estarán pensando si verdaderamente nos conocen y cual es nuestro verdadero yo.

Es más sencillo, aunque al principio no lo parezca, ser uno mismo que intentar imitar. Tomemos, por ejemplo, como referencia nuestras acciones diarias. Con un amigo, la familia o en la comunicación del día a día actúo tal y como soy, y no me paro a pensar sobre cómo debería actuar. Esto no quiere decir en modo alguno que el trato o el lenguaje no varíe jamás, pues, y justo es reconocerlo, no hablamos igual a nuestros padres que a un amigo, adaptamos nuestro lenguaje a las distintas situaciones con que nos vamos topando. De la misma manera que lo haremos al hablar en público. Nos adaptaremos en función de la audiencia, pues no es lo mismo hablar a un público adolescente que a uno cuya media se sitúe en torno a los 35 años. Los ejemplos y giros lingüísticos que nos podemos permitir varían, pero ambos públicos tienen que ver a la misma persona.

Hablar en público no significa anularnos; en todo caso, adaptarnos, pero a factores relativos a los tipos y necesidades de la audiencia.

5. El «adorno» del lenguaje que empleamos

Como hemos visto en este capítulo la corrección que empleemos en nuestro lenguaje es una cuestión que no podemos ni vamos a eludir. No obstante, debemos ir más allá, porque con el lenguaje, y también con nuestro cuerpo, vamos a cautivar al auditorio. Todo cuenta: la preparación, la forma de movernos, el modo en que hablemos, etc. Pero centrémonos. Nos referimos en este apartado al «adorno» del lenguaje. Para apartarnos del uso normal, común, cotidiano, de la lengua, usaremos recursos que embellezcan lo que digamos. Vamos a hacer agradable la lengua a quien nos escucha. Para ello podemos ayudarnos de las figuras. Se distinguen figuras de dicción y de pensamiento. Veámoslas.

5.1. De dicción

• Aliteración.

«Consiste en la repetición de sonidos semejantes con el fin de producir un efecto fonosemántico» (Tomás Albaladejo, *Retórica*).

> *«El dulce murmurar deste rüido,*
> *el mover de los árboles al viento»*

Garcilaso de la Vega, *Égloga II*

• Paronomasia.

Se trata de usar dos o más palabras seguidas de forma muy parecida, pero de significado diferente.

Viene a ser un juego que hacemos con las palabras para «adornar» el lenguaje que empleamos. No se debe abusar de este recurso, porque si es constante, acabará por perjudicar la naturalidad que pretendemos con nuestro discurso.

«*distinto y distante*» (ejemplo extraído de la obra de Tomás Alabaldejo, *Retórica*)

- Antanaclasis.

Es también una suerte de juego de palabras, que consiste en repetir dos palabras de igual forma (o significante) pero cuyo significado varía.

escudos pintan escudos

Luis de Góngora (extraído de *Retórica*, Tomás Albaladejo)

- Asíndeton.

Mediante el asíndeton suprimimos las conjunciones que de otra manera emplearíamos. Con este recurso variamos el uso normal y cotidiano del lenguaje, y le dotamos de mayor rapidez. Ya que se trata en el discurso de variar el uso cotidiano del lenguaje y de evitar con ello la monotonía y el aburrimiento, buscando producir una sensación de agrado a quien nos escucha, trataremos de modificar el ritmo de lo que decimos. Mediante el asíndeton podemos en un momento determinado dar rapidez a lo que decimos cambiando el ritmo del discurso.

Llegó, jugó, ganó.

En el ejemplo hemos suprimido la conjunción y que normalmente hubiéramos empleado entre jugó y ganó.

Acude, corre, vuela,
traspasa el alta sierra, ocupa el llano;

no perdones la espuela,
no des paz a la mano,
menea fulminando el hierro insano.

Fray Luis de León (ejemplo extraído de *Lengua Española*, Lázaro Carreter)

* Polisíndeton.

Es lo contrario que el asíndeton, y consiste en sumar varios nexos donde normalmente no los usaríamos con una finalidad expresiva clara. Mediante este recurso ponemos de relieve lo que decimos tras los nexos repetidos.

Y me miró. Y me volvió a mirar y me rozó despacio con su mano. Y entonces fue cuando me dijo te amo.

Se ha repetido intencionadamente la conjunción y en lugares donde el uso normal del lenguaje no hubiera usado esa y que en el ejemplo se repite.

Porque es lo justo, porque es lo necesario, porque es lo que todos estamos esperando.

En el ejemplo se repite el nexo porque.

* Elipsis.

«Figura de supresión consistente en la cancelación de uno o varios elementos de la oración que a partir del contexto pueden ser recuperados.

Detrás, como el polvo de los cascos, como la sombra de una infinitas alas sombrías, toda la caballería desbocada.

Arturo Uslar Pietri, *Las lanzas coloradas. Retórica*, Tomás Albaladejo

* Anáfora.

Se repite mediante este recurso una misma estructura gramatical.

Mi hermana, que sabe siempre lo que dice, que juzga con mesura lo que hace, que muestra la verdad a quien lo quiere.

Vosotros, los que lucháis por una vida digna, los que no dejáis que se os engañe con palabras bonitas, los que habéis llegado hasta aquí en busca de la verdad.

- Anadiplosis.

Recurso consistente en repetir al inicio de una nueva frase o de una nueva parte de la misma oración el final de la anterior.

Y todavía conozco más mentiras, mentiras que los políticos usan para su provecho.

- Epanadiplosis.

Se repite al inicio y al final de una oración la/s misma/s palabra/s.

Mentiras que siempre acaban por traernos otras mentiras.

Quiero saber lo que en realidad es cierto, otra cosa saber no quiero.

- Geminación.

Se repite la misma palabra de manera continuada. Este recurso es muy usado por los políticos.

Recordad, recordad bien, queridos ciudadanos, recordad, recordad lo que se os prometió y no se ha cumplido.

- Hipérbaton.

Mediante esta figura variaremos el orden normal de la oración.

Del monte en la ladera (Fray Luis de León); ejemplo extraído de la obra *Lengua española,* Fernando Lázaro Carreter.

5.2. De pensamiento

• Hipérbole.

Esta figura es en realidad una exageración que se formula intencionadamente con el fin de producir en quien escucha un efecto chocante.

> *los ojos avecinados en el cogote, que parecía que miraba por cuévanos, tan hundidos y escuros, que era buen sitio el suyo para tienda de mercaderes* (Quevedo, *El Buscón*);

> *Retórica*, Tomás Albaladejo.

• Personificación.

Mediante esta figura dotamos a animales y cosas de atributos propiamente humanos. También recibe el nombre de prosopopeya.

> *La luna, que nunca quiso compartir su espacio con el sol, empezaba ahora a mirarlo.*

• Antítesis.

Se establece una relación entre dos cosas que son en principio contrarias.

> *Los valientes son en realidad personas que se enfrentan a lo que más miedo les da.*

• Lítotes.

Con esta figura tratamos de «rebajar» el efecto de lo que decimos suavizando la manera en que efectivamente lo estamos diciendo. Así, podemos decir: hemos robado y hemos mentido, pero mejoraremos, o podemos decir: no hemos sabido cómo hacerlo mejor, pero ahora sí lo sabemos. En la segunda oración hemos atenuado la manera de decirlo.

Lázaro Carreter, pone el siguiente ejemplo, más ilustrativo:

Has prestado poca atención a la ortografía (en lugar de decir: *Has cometido faltas de ortografía*)

• Paradoja.

Se trata de establecer una contradicción, pero solamente en apariencia.

Ejemplo extraído de *Lengua española*, Fernando Lázaro Carreter:

¡Oh, muerte que das vida! (Fray Luis de León)

• Símil.

Se denomina también a esta figura comparación, pues es eso lo que se establece.

En aquel momento su voz se volvió tan fuerte y aterradora como los truenos de una tormenta brutal.

5.3. Tropos

• Metáfora.

Se trata de dar a una realidad determinada otro nombre diferente, un nombre con el que se establece una relación, una comparación. Ahora bien, no se trata de un símil o comparación, ya que en la metáfora se suprime uno de los dos nombres.

Juana tiene una lengua venenosa.

Se entiende por venenosa, cruel, irónica, malintencionada, criticona, etc. En lugar de usar cualquiera de estos términos se busca otro con el que decir lo mismo, pero de manera diferente. Esto es una metáfora.

Juan es un verdadero torbellino.

Por torbellino entendemos que es una persona muy activa. Se establece así una comparación con otra palabra para suprimir el primer término.

La metáfora es un recurso de resultados muy buenos, siempre y cuando no se caiga en lo tópico y manido. Hay que ser ingeniosos y originales. Si no somos capaces es mejor no usar este recurso, antes que caer en lo típico, ya que lejos de enriquecer nuestro discurso lo empobrecería, mostrándonos como personas poco ocurrentes e ingeniosas que necesitan recurrir a lo manido. Si para apartarnos del uso normal de la lengua caemos en lo repetido no estaremos logrando nuestro objetivo. Evitaremos pues las siguientes metáforas, que Lázaro Carreter señala como evitables en su obra *Lengua española*:

Su presencia allí ha dejado una estela de rumores (=ha suscitado muchos rumores).

Se prepara un nuevo paquete de medidas (=conjunto de medidas).

Es la primera vez que ocurre en esta piel de toro (=España).

Pronto se estirará por nuestras carreteras la serpiente multicolor (=caravana ciclista).

Esa obligación constituye una pesada losa (=carga).

Este crío corre a tumba abierta (=sin precauciones).

Estoy en un mar de dudas (=Tengo muchas dudas).

Se corrió un tupido velo sobre el asunto (=Se desistió de averiguar más sobre el asunto).

• Metonimia.

Mediante este tropo nombramos un objeto con el nombre que se aplica a otro objeto próximo.

el Casares (por diccionario de Casares)
tomarse un jerez (por vino de Jerez)
un Picasso (por un cuadro de Picasso)
un lienzo (por cuadro)
un Opel (por coche de marca Opel)

- Sinécdoque.

Es una clase de metonimia, y consiste en «dar el todo al nombre de una de sus partes (el Padre nuestro; Se divisan dos velas = dos barcos de vela); o al revés, en dar a una parte el nombre de todo (los mortales = por las "personas", pero también por los animales y las plantas); la ciudad lo aclamó)» (Lázaro Carreter).

Capítulo VIII

La importancia de la imagen

En la sociedad actual la imagen vale mucho, tal vez demasiado, llegando incluso en demasiadas ocasiones a la creencia de que la imagen lo vale todo. Si bien no tiene que llegarse a tal extremo, sí debe el orador ser consciente de la relevancia que tendrá su imagen ante el auditorio al que se dirija. Algo que, por otra parte, no es en absoluto nuevo, pues ya a los oradores antiguos les preocupaba cómo presentarse ante su público y cuál sería la mejor opción, siendo conscientes del poder que ejercía ante los ojos de los demás cómo se presentaban ante ellos.

1. La belleza del orador

Si bien es cierto que puede pensarse que ser agraciado físicamente constituye una gran ventaja para un orador, puesto que así ganará gran parte del favor inicial del auditorio al resultarle agradable a la vista la persona que va a hablarle, a la hora de la verdad no siempre es así (o no necesariamente es así). Pensemos, por ejemplo, en alguien que sea poco agraciado físicamente, puede parecer que no tendrá tantas o tan prontas posibilidades de ganarse al público como alguien que, por el contrario, sí es agraciado, pero el hecho de que no sea guapo o alto o especialmente atractivo, siendo, por ejemplo, feo, puede suponer una importante ventaja, al resultar con mayor facilidad sus habilidades intelectuales y su buen hacer al respecto. Es posible que antes de hablar se sienta el orador inseguro por su aspecto, mas no debe preocuparle en absoluto, ya que si su discurso está bien preparado y sabe cómo llevarlo a cabo, la atención del público se centrará en lo que diga y no en que es feo o bajo o gordo o demasiado flaco, lo que puede suponer una importante ventaja, ya que no necesitará llamar constantemente la atención de quienes escuchan sobre su discurso, porque se estén fijando más en lo guapo que es o en el cuerpo tan proporcionado que tiene o en cualquier otra característica física. Al no ser agraciado, su interior brillará con más facilidad, debido al contraste.

La belleza exterior puede ser un elemento de distracción o una desventaja, pues puede poner al orador en la difícil situación de tener que esmerarse más que quien no es agraciado en demostrar que está a la altura de lo que parece.

Deben los agraciados, además, enfrentarse a un hecho muy habitual y es que suelen saber que son agraciados, lo que en muchas ocasiones confiere al «afortunado» una suerte de vanidad del todo perjudicial en estos casos. Una vanidad que puede llevar al orador, por ejemplo, a demostrar (aun sin darse cuenta) su presunción con trajes o ropas ostentosas y fuera de lugar. Ha de luchar también contra cualquier indicio de vanidad en sus movimientos y por supuesto en lo que dice y en el cómo, pues puede mostrarse prepotente o quizá pedante o demasiado confiado en sí mismo, y la confianza es, desde luego, necesaria y positiva, pero en exceso nada funcionará ante un auditorio. No se trata de que los nervios sean buenos, pero sí se requiere una pequeña dosis de ellos, ya que ayudarán al orador a permanecer «alerta» durante todo el discurso.

Ser guapo o atractivo no es, en realidad, tan positivo como puede creerse, lo que no significa que haya que descuidar nuestra imagen, algo que en ningún caso debe hacerse, pues el auditorio lo tomará como algo negativo, incluso como un desprecio hacia ellos.

2. La elección de la indumentaria

La ropa con que el orador dará su discurso es tan importante como cada uno de los puntos de un discurso, por mucho que haya a quien les pese la importancia tan alta de la imagen. Los antiguos oradores lo sabían y lo empleaban en su favor, usando aquello que favoreciera y fuera agradable a la vista, buscando siempre, eso sí, la armonía, sin que nada llamase la atención, pudiendo desviarla de lo que verdaderamente importaba: el discurso. Llegaron incluso a dictar ciertas normas acerca del buen uso de la ropa en un buen orador. Si esto era así hace tanto tiempo, no es difícil imaginar la importancia del asunto en la actualidad, momento en que, como ya señalábamos al inicio del capítulo, la imagen es esencial.

Decir aquí qué ropa es la más adecuada para cada ocasión sería prácticamente imposible, ya que las modas cambian y los tipos de discursos que pueden llevarse a cabo son lo suficientemente variados como para no poder abarcar tal propósito, eso por no hablar de los cambios constantes a que nos somete la moda, siendo por tanto difícil saber qué tipo, por ejemplo, de cuello de camisa se llevará dentro de tres años y si tal es el adecuado para un discurso, o si determinado estampado en una corbata funcionará.

Ahora bien, lo que sí puede establecerse son ciertas líneas generales a las que las modas no pueden afectar y buena prueba de ello es que la más importante de todas sigue vigente desde que los antiguos oradores la dictaran como idónea para un orador. Se trata de la holgura de la ropa con que el orador dará su discurso. No es bueno, y de eso ya se dieron cuenta hace mucho tiempo, que la ropa apriete y dificulte los movimientos de la persona que se enfrenta al siempre difícil momento de hablar en público. Si además de todas las dificultades que conlleva enfrentarse a un auditorio, el orador se viste con ropa que le aprieta y le resulta incómoda, la situación empeorará, así pues la regla de oro, o al menos una de las más útiles, pasa por un traje que no apriete, sea cómodo y permita un libre movimiento de quien habla. Esto, desde luego, no significa que lo recomendable sea ponerse un traje dos tallas mayor de la requerida, algo que daría una mala impresión a quienes nos escuchan, pudiendo incluso provocar la risa o la burla. Esta norma será posiblemente más útil para las oradoras, pues la mujer debido a los mandatos (a veces inhumanos) de la moda puede caer en la tentación de elegir alguna prenda ajustada y por tanto molesta para su discurso. Imaginemos a un orador que durante toda su exposición está colocándose una y otra vez la camisa, el efecto no es bueno, ya que con sus movimientos hace que el público acabe fijándose más en cómo se coloca la camisa una y otra vez que en lo que está diciendo.

Aparte de la holgura del atuendo, puede que al orador le asalten ciertas dudas acerca de qué tipo de traje ponerse. Importará para la elección el tipo de discurso que va a darse, el lugar, el público, la seriedad del asunto. Existen ciertos casos en que el traje de etiqueta es indispensable y obligado, por lo que entonces no habrá duda. El problema es cuando no hay pautas establecidas a priori. Se examinará entonces el tema y su alcance, el tono y, como ya señaláramos, la seriedad del asunto. No es lo mismo tratar algo que permita ciertas licencias y que además vaya a apoyarse en un tono coloquial o más o menos liviano, que emitir un discurso serio y riguroso. El tema determina en muchos casos la elección de la indumentaria. Así, si por ejemplo el discurso es oficial no podrá el orador presentarse ante el auditorio en pantalones vaqueros, una indicación que resulta evidente pero que nunca está de más recordar dada la posible tentación de ser originales y desmarcarnos apareciendo vestidos de un modo totalmente distinto al esperado. Cuidado con este tipo de detalles, pues no sería bueno contraponer al público al orador desde su entrada debido a su indumentaria. Por eso, armonía y discreción, holgura, que no desmesura, y cuidado en la imagen exterior del orador.

Es aconsejable también que quien va a hablar en público renuncie a colores demasiado chillones y a ropajes en principio extravagantes. Se trata de agradar al auditorio desde la entrada y no centrar excesivamente la atención sobre lo que se lleva puesto. Que sea elegante y acorde con la situación, pero que no resalte en exceso, porque la naturalidad con que el orador se presente ante su público jugará un importante papel y la ropa también influye. La atención debe captarse sobre todo con lo que se dice y no tanto con lo que se lleva. Otra cosa bien distinta es cuando el orador es ya una persona conocida y con cierto prestigio, que suele hacer sus apariciones en público con ropas extravagantes o detalles poco usuales en su vestir, si bien se debe y se permite porque en dichos casos (muy pocos) es lo esperado, forma parte de lo que el auditorio ha ido a ver, además de escuchar. Sin embargo, esto no es lo habitual, sino la excepción, y pretender emular ese tipo de originalidades no funciona, porque se trata del sello personal de una persona que ya tiene un nombre y que no desconcertará al público, dado que éste ya sabe lo que va a ver y a eso es a lo que ha ido.

Y, por último, el orador ha de tener bien presente que se ponga lo que se ponga debe buscar la armonía, que el efecto final y de conjunto no resulte en caso alguno excesivo, siempre armónico y acorde.

Capítulo IX

Tipos de auditorio. Quién escucha

1. El auditorio

A lo largo de toda la obra nos hemos referido en muchas ocasiones (de manera constante) al auditorio, mas no nos hemos detenido a definir qué es un auditorio. Pues bien, el auditorio son las personas a las que dirigimos nuestro discurso. También se puede definir como el lugar donde realizamos nuestra intervención pública. Tomando ambas definiciones sabremos algo más sobre ellas.

2. El imprescindible conocimiento del auditorio

Comencemos por algo imprescindible para cualquier orador: el conocimiento de las características del público asistente, tanto en lo que se refiere a su conocimiento del tema y el interés que puede tener para ellos, como en lo referente a las necesidades y beneficios que pueden obtener al escucharnos. El resultado de la exposición resultará negativo, si preparamos una presentación con determinada información y nos encontramos con un público diferente al esperado, haciendo que fracase el objeto de nuestro discurso. A esto se debe la importancia de recabar información sobre la audiencia a la que se va a dirigir antes de comenzar a preparar el discurso. No prepararemos de la misma manera un discurso destinado a jóvenes de 20 años que a especialistas en el tema del discurso de 50 años. Con la información previamente obtenida podemos elaborar un discurso que sea interesante y apropiado para las características de la audiencia. Esto facilitará que los oyentes puedan seguir el hilo de todo aquello que les exponemos.

3. Algunas preguntas que todo orador debe formularse

La autora de *Técnicas básicas para hablar en público*, Cristina Stuart, señala algunas preguntas que debemos hacernos antes de afrontar un discurso para saber a qué auditorio nos enfrentamos.

Preguntas como:

-¿por qué acuden a escucharnos?

-¿qué esperan del discurso y, aún más, de nosotros como oradores o entendidos en el tema?

-¿cuáles son los deseos o necesidades de la audiencia ante la que vamos a exponer?

Saber quien conformará el auditorio, su edad, si asisten por propia iniciativa o si por el contrario van obligados, etc. son preguntas que debemos hacernos para conocer a nuestros receptores y elaborar en consecuencia un discurso apropiado.

4. Dos tipos de auditorios

La razón para que un público acuda a escucharnos tiene dos causas:

1. Les interesa el tema que va a ser tratado.

2. Se ven obligados a asistir, por ejemplo, por motivos profesionales.

Son, como puede comprobar el lector, dos auditorios bien distintos, lo que propiciará dos tipos de discursos diferentes, aunque se trate del mismo tema.

La audiencia que asiste por propio interés a un discurso suele mostrarse receptiva al mensaje desde el principio y, además, va con la idea de satisfacer una necesidad. En cambio aquel que se ve obligado a presenciar un discurso tendrá menos ganas de escuchar, su actitud será pasiva o negativa cuando empecemos a hablar, y, nosotros como oradores tendremos que lograr a través de una buena preparación del discurso y una mejor exposición que lo que le estamos diciendo le atraiga, y sienta así que su visita o asistencia no ha sido en vano. Sólo el buen orador puede conseguir que esta clase de auditorio acabe mostrando interés por el discurso.

Normalmente con los primeros, es decir con aquellos que asisten a un discurso por propia iniciativa, la realización de un buen mensaje que satisfaga las necesidades vale. Lo que no supone que cualquier discurso valga; habrá que prepararlo con igual rigurosidad, y habrá que exponerlo con la misma intención que todo orador ha de tener de captar la atención de quien le está escuchando. Con los segundos, los que asisten al discurso obligados por algún motivo, es imprescindible mostrarles desde el principio las ventajas de escuchar el mensaje y hacerles ver que su interés en él no será una pérdida de tiempo. Intentaremos así que su actitud previamente negativa o pasiva cambie desde el principio.

5. Cubrir las expectativas

Llegar al conocimiento de los deseos y necesidades del auditorio es un paso de gigante a la hora de hablar en público. Con este conocimiento somos capaces de adaptar el discurso a sus necesidades, lo que hará que siempre les llegue claro, pues hemos logrado la empatía con la audiencia. Hablar en público no es sólo dar un mensaje. La forma en que exponemos ese mensaje es (tal y como se ha repetido en esta obra) muy importante, y para ello saber a qué auditorio estamos dirigiéndonos se convierte en un factor imprescindible. Sin necesidad de cambiar la esencia del mensaje, es decir, la idea principal que tratábamos de comunicar, podremos comunicarnos con el auditorio y obtener una comunicación plena con ellos a partir de un estudio previo de ellos y sus necesidades particulares. Siempre hay que recordar que cada audiencia tiene expectativas y necesidades diferentes, algo que no podemos pasar por alto si queremos llegarles verdaderamente.

6. El lugar donde se emitirá el discurso

En cuanto a los tipos de auditorio en referencia al lugar donde emitiremos nuestro discurso hay que decir que puede variar en función del tamaño, ya que puede tratarse de un espacio pequeño, medio o grande. Un auditorio pequeño puede ser la clásica mesa redonda en una sala de reuniones de una empresa. El tamaño medio sería la sala de convenciones de un hotel o un paraninfo. Al hablar de un lugar con enormes dimensiones nos referimos a los auditorios donde se celebran grandes convenciones con un público que sobrepasa la cifra de 130 personas. En función del lugar donde vayamos a hacer nuestra intervención dispondremos a la audiencia de una manera u otra. Cuando hablamos ante audiencias muy numerosas, el lenguaje corporal a emplear debe ser más expresivo, ya que los oyentes más alejados sólo percibirán nuestros gestos si los ampliamos o los exageramos, aunque nunca lo haremos en exceso. Se harán más notorios, pero sin que parezca que somos actores de teatro. Si no prestamos atención a la audiencia, ésta no nos prestará atención a nosotros.

Es muy recomendable que el orador realice siempre una visita previa al auditorio e incluso que ensaye su discurso en él, si le es posible (no siempre lo será, pero no desaproveche la ocasión el orador si se le brinda). Nada se puede dejar al azar, debemos asegurarnos que todo funcionará perfectamente, que nadie dejará de verle porque un foco esté mal situado, que la maquinaria para los apoyos visuales está en perfecto funcionamiento. Todas estas averiguaciones previas a la charla ayudan a adquirir confianza y seguridad en uno mismo, además sólo tendrá una preocupación durante el discurso, que el mensaje llegue a la audiencia, el resto de factores más externos están bajo control.

7. La reacción del auditorio

Algo importante respecto a la audiencia es saber interpretar su propio lenguaje corporal y así reaccionar en consecuencia. La expresión de la cara dice mucho sobre lo que una persona siente, pero también es importante la postura corporal que adoptan los oyentes. Una persona inclinada hacia adelante manifiesta mayor interés que alguien que esté echado hacia atrás. Si observamos a alguien que parece aburrido o desinteresado, podemos dirigirle una pregunta directa que le permita expresar su pensamiento. Pero si no contesta, no debemos darle mayor importancia y continuar con nuestra charla, la razón del aparente desinterés puede estar motivada por causas totalmente ajenas a nuestra intervención. Debemos dirigirnos a la audiencia que está ante nosotros, mirándoles a la cara, observando continuamente sus gestos, facciones y observando su lenguaje corporal.

Si observamos que la audiencia se relaja, se muestra poco interesada y si, en definitiva, parece aburrida, debemos emplear algunos recursos que relancen y faciliten nuestra comunicación con ellos. En primer lugar, cambiando de posición, saliendo de detrás del atril, poniéndonos de pie, acercándonos a la audiencia. También podemos recurrir a utilizar ayudas visuales y no sólo para despertar el interés de la audiencia, sino como complemento de la intervención. Hacer algo inesperado o introducir un toque de humor. Sin embargo, con la risa se ha de tener cuidado y puede convertirse en contagiosa, así una anécdota que puede mover a la sonrisa en un contacto personal, puede transformarse en una carcajada ante una audiencia numerosa, a la que luego será más difícil convencer o hacer comprender temas más serios o importantes. Pedir a la audiencia que participe, ayuda a que la audiencia no se relaje, podemos utilizar preguntas retóricas que deben contestarse los oyentes mismos, también preguntas que contestan uno o dos voluntarios, o preguntas concretas a algún oyente, nombrándole personalmente. Por último, otro de los recursos es pedir a la audiencia que haga algo concreto: calcular, comentar con el de al lado, pedir un voluntario para algo concreto, etc. Muchos de estos recursos les mantendrán activos y pendientes de nuestro discurso. Cuanto más participativo se encuentre el público, más atención mostrará.

8. La importancia de la distribución del auditorio

El lugar donde emitamos nuestro discurso puede ser muy variado, no sólo en referencia al público que pueda asistir sino también en relación al espacio que éste adopte u ocupe en la sala, aula, salón de convención, teatro, etc. La ubicación y la disposición del público serán fundamentales a la hora de elegir los apoyos visuales y dónde situarlos, o la posición que se ha de escoger para que todos y cada uno de ellos puedan visualizar al orador. De la disposición también depende que la persona que realice la intervención pueda en cualquier momento mantener un contacto visual con cualquiera de los asistentes, así como la acotación de sus movimientos. Como dijimos al principio no dejar nada al azar aumentará nuestra confianza, todo aquello que sea previsible y no dejemos a la improvisación tendrá menos probabilidades de ser objeto de fiasco. Decidiremos la distribución de los asientos y la más adecuada para la ocasión de acuerdo a la cantidad de personas y las dimensiones del lugar.

La mejor disposición del auditorio es aquella en la que el público se encuentra cercano sin mucho espacio entre ellos, esto facilitará el contacto visual que haremos con ellos durante nuestra intervención, además el campo de visión del auditorio se ve limitado hacia la figura del orador, ellos no tendrán que moverse bruscamente si el que habla decide moverse. Es básico tener en cuenta que la audiencia no es uniforme, que existen diferencias de altura.

Al hablar en público el orador, su discurso y todo lo que pueda rodearlo, es lo más importante y es lo único en que debe fijarse el público. Factores como la distribución o la elección del lugar son claves y parte de lo que debemos preparar con anterioridad a la acción de hablar en público. Deberemos conocer entre otras cosas si se desarrollará al aire libre, en un lugar cubierto, el tamaño, que acústica tiene el lugar elegido, si habrá que emplear micrófono y qué tipo, el horario de la intervención... No hay que dejar ningún detalle en manos de la suerte, todo lo que podamos controlar previamente deberemos llevarlo a cabo. Debe estar adecuado para la conferencia y conocido con antelación. Evitaremos y examinaremos las posibles distracciones intrínsecas del lugar, como puede ser una ventana o la decoración del mismo.

Si no está en nuestras manos situar al auditorio, es importante que visitemos la sala con anterioridad y ver la perspectiva que tendrán las personas asistentes para saber con certeza la posición que debe tenerse en el escenario para que nadie pierda de vista al orador. Cuando nos referimos a los apoyos visuales, la visita que hemos mencionado con anterioridad se convertirá en obligada. Las imágenes, diapositivas, esquemas, pizarra, etc. deberán ser perfectamente visibles para todos los asistentes. Pensar en todo momento en la audiencia es una característica de la acción de hablar en público, no sólo en el sentido de que escuchen aquello que tenemos que decirles, hay que pensar en su comodidad para que nada les pueda distraer y estén atentos a nosotros y al mensaje que queremos transmitirles.

Capítulo X
Los apoyos visuales

1. Apoyos visuales. La selección

La selección de ayudas visuales puede estar condicionada por diferentes factores, algunos relacionados con las necesidades de expresión del orador y otros condicionados por el lugar donde se hablará en público o por las técnicas utilizadas durante la exposición. Los primeros factores los condiciona el mensaje que queremos transmitir y los efectos que deseamos obtener sobre la audiencia. Entre las funciones visuales encontramos la enunciación del contenido, ordenación de la presentación, refuerzo del mensaje, exposición de los conceptos, la necesidad de ilustrar la exposición, la presentación de documentos objetivos, resaltar puntos clave, apoyo para una correcta memorización por parte de la audiencia o para sintetizar y concluir.

Los segundos que hemos expuesto se encuentran en función de la sencillez de manejo de los apoyos visuales o la disposición de los materiales de paso adecuados, y están fuertemente condicionados por el espacio escogido para nuestra intervención y las técnicas elegidas para nuestra exposición. Es importante la disponibilidad de los equipos y el tamaño de la audiencia.

1.1. Todos deben poder ver el contenido del apoyo visual

Los medios de ayuda visual deberán proyectar una imagen que sea vista por todas las personas presentes en la sala. Ante audiencias numerosas no podemos emplear monitores de vídeo o de ordenador y las pantallas de proyección deberán estar relacionadas con el tamaño de la audiencia. También se debe tener en cuenta el tamaño y disposición de la sala. Las alargadas y estrechas, o con muchas columnas, no son adecuadas para la utilización de ayudas visuales pequeñas, como monitores o pizarras pequeñas, etc. Debemos pensar que si los oyentes no pueden ver el contenido del apoyo visual se sentirán defraudados y dejarán de atender.

1.2. La iluminación debe ser adecuada

El nivel de iluminación es otro punto a tener en cuenta para la proyección de diapositivas, imágenes de ordenador sobre pantalla de cristal líquido, imágenes de video proyector o de cine, necesitamos un bajo nivel de iluminación que nos permita explotar todas las posibilidades de estas ayudas visuales. Por ello, la sala debe ofrecer unas condiciones que permitan rebajar el nivel de la iluminación sin llegar a la oscuridad total que interrumpa el contacto visual entre el orador y su audiencia. Hemos de comprobar que nuestras ayudas visuales son percibidas por todos nuestros oyentes, con independencia del lugar donde se hayan sentado.

2. Tipos de apoyos visuales

Existen numerosos apoyos visuales, por lo que nosotros sólo enumeraremos algunos de los más utilizados y habituales.

2.1. Retroproyector

El retroproyector es un medio activo e inmediato que da más valor al papel del ponente frente al apoyo visual.

Este apoyo visual permite la indicación directa sobre el original con la posibilidad de dejar fija esta indicación, completar un original que hemos dejado, a propósito, incompleto; también ocultar y desvelar progresivamente los datos que aparecen en la transparencia, superponer transparencias o la utilización selectiva del interruptor de encendido, lo que permite centrar la atención sobre nosotros o sobre la transparencia, según esté el retroproyector apagado o encendido.

Para aprovechar las posibilidades de este medio es necesario tener en cuenta algunas condiciones para la proyección, entre las que podemos destacar: el lugar donde se situará en la sala. Para una correcta visión por parte del auditorio debe estar situado en uno de los rincones delanteros de la sala, orientado hacia una pantalla colocada diagonalmente, lo más alto posible y procurando no tapar otros medios como podría ser una pizarra. Para su utilización no se debe oscurecer la sala. El tamaño de la imagen proyectada debe ser proporcional al tamaño de la sala. Si bien hemos de tener en cuenta que cuanto más grande hagamos la pantalla menos luminosa va a ser la imagen proyectada. En cualquier caso, debemos permanecer siempre frente a los oyentes sin darles la espalda. Hay que evitar el efecto *Keystone*, que es una deformación de la imagen proyectada en forma de trapecio invertido. Para evitarlo se puede recurrir a inclinar la pantalla, ligeramente, hacia adelante. Si no podemos inclinar la pantalla para evitar este efecto, podemos colocar una cuña en la parte delantera del aparato para disimularlo. Para mejorar el aprovechamiento del retroproyector muchos autores señalan la necesidad de dar a la audiencia el tiempo suficiente para que pueda asimilar el contenido de la transparencia, pero una vez que el discurso haya superado éste, la transparencia debe desaparecer. Otra indicación a tener en cuenta es que al encender el retroproyector con una nueva transparencia es aconsejable hacer una pausa en el discurso para facilitar la lectura de la imagen. Debemos explicar la ayuda visual y guiar la lectura de ésta, tanto en el orden como en el grado de importancia de los elementos que componen el mensaje visual. Es más impactante y cómodo señalar sobre la transparencia que sobre la pantalla. Y siempre es mejor utilizar un bolígrafo o un lápiz que el propio dedo que aparecerá tembloroso y agigantado. No debemos mirar hacia la pantalla, sino a la transparencia. No obstante, al principio de la proyección debemos asegurarnos de que la imagen está centrada en la pantalla y correctamente enfocada. Es importante no pasar entre el proyector y la pantalla pues, además de obstruir el haz luminoso, aparecerá nuestra silueta agrandada sobre la pantalla. La elaboración de transparencias forma parte del proceso de preparación previa de nuestra intervención. Cada una de ellas debe obedecer a un objetivo previamente formulado, como ordenar el contenido de la exposición, recapitular al final de la reunión o la conclusión de un bloque temático, reforzar el mensaje, exponer un concepto, ilustrar la exposición o presentar los puntos clave.

Para lograr una comunicación eficaz mediante transparencias y conseguir que sean una ayuda al proceso de la comunicación, todas las transparencias se deben leer con facilidad desde cualquier punto de la sala, los contenidos deben ser claros e inmediatamente reconocidos y asimilados por la audiencia, deben ser sencillas y ofrecer poca información, ser nítidas y presentar un adecuado contraste entre el fondo y la letra que permita identificar los elementos que las componen y distribuir los contenidos, de manera que se adapten al tamaño de la pantalla, sin salirse de ésta pero ocupando su mayor parte.

2.2. Pizarra

Otro apoyo visual muy utilizado es la pizarra, está entre los más empleados, ya que es un recurso muy asequible y sencillo de manejar. Su baja iconicidad como medio visual y la enorme superficie que pone a nuestra disposición la convierten en un medio de apoyo en todos aquellos contenidos relacionados con el cálculo numérico o la presentación secuencial, paso a paso, de cualquier tipo de información. La pizarra no permite la elaboración previa de los contenidos de apoyo y como apoyo visual aporta una información urgente e improvisada. No obstante, es un buen complemento para la fijación y retención de determinados conceptos. Su principal valor es la posibilidad de secuencia que nos ofrece, basada en la estructuración rigurosa del contenido en las tres partes del discurso, es decir, presentación, desarrollo y conclusión. Todo lo que aparece en la pizarra se debe leer sin dificultad. Por ello, las letras y los trazos empleados han de tener un tamaño y un grosor suficientes.

2.3. Diapositiva

La diapositiva es una fotografía en positivo sobre un soporte transparente para ser vista por la luz transmitida. Entre sus características encontramos la legibilidad, claridad, sencillez y nitidez. Las diapositivas son de gran valor en clases o en conferencias, debido a que la fotografía sobre pantalla es visible para un público numeroso pudiendo ser al mismo tiempo de gran tamaño y muy brillante. Presenta ventajas apreciables sobre las copias en papel, que sólo pueden ser vistas por pequeños grupos, y sobre el cine, con una fotografía poco apta para un estudio detallado de los sujetos inmóviles. Estas y otras razones hacen de la diapositiva un medio ideal como apoyo visual para representaciones de carácter realista. Para usar eficazmente las diapositivas, tendremos en cuenta la flexibilidad de uso del proyector de diapositivas que es inferior a la del retroproyector, pues una vez cargados los carruseles, es imposible cambiar el orden de las diapositivas o eliminar alguna. Con las diapositivas es necesario oscurecer la sala, por lo que es más adecuado proyectar todas las imágenes seguidas que irlas espaciando a lo largo de la charla. Si el número de diapositivas es elevado, es aconsejable emplear dos proyectores para hacer más fluido el paso de una a otra diapositiva. Hay que tener en cuenta que no debemos mirar a la pantalla mientras hablamos. Dejaremos, además, un tiempo de silencio al principio de la proyección de cada diapositiva para que el público la contemple sin la interferencia de la voz. Debemos orientar y guiar la lectura de la imagen e, incluso, explicar su contenido. Para ello, podemos servirnos de un puntero. Con esta técnica, lo que pretendemos es llevar a la audiencia por el camino elegido para revelarle los puntos importantes al ritmo que nos parezca más adecuado.

Para aprovechar todas las posibilidades que ofrece este medio, se tendrá en cuenta que cada diapositiva debe estar limitada a una idea central. Es preferible utilizar varias diapositivas de contenido simple en lugar de una complicada, sobre todo si la explicación va a ser larga. Hay que buscar un ritmo cómodo y atractivo de presentación de las distintas imágenes. La imagen no debe permanecer en pantalla después del correspondiente comentario. Si entendemos que una diapositiva no se puede leer o puede tener dificultades de legibilidad no la incluiremos. Cuando haya que referirse a una diapositiva anterior es aconsejable hacer un duplicado, en lugar de volver hacia atrás. Al copiar imágenes sobre un fondo es preferible utilizar cualquier color oscuro, en lugar de uno blanco o totalmente negro. Será bueno numerar las diapositivas para facilitar su colocación ante una eventual caída.

2.4. Ordenador

Llegamos ahora al ordenador como apoyo visual, tan presente en la sociedad actual. Mediante el ordenador se llevan a cabo tareas de control, diseño, autoedición, gestión, cálculo de estructuras, creación de imágenes, información y un amplio etcétera. El ordenador, además de ser una potente máquina para componer textos y organizar y manejar información de carácter administrativo, permite efectuar todo tipo de rótulos por complicados que éstos sean. También permite simular o modelar fenómenos físicos, químicos o biológicos, el acceso desde el puesto de trabajo a bases de datos y distintas fuentes de documentación, la comunicación continua mediante redes de correo electrónico... En definitiva, el ordenador permite una infinidad de posibilidades, y es un excelente medio de apoyo visual en cualquier tipo de intervención pública. Ofrece una información atractiva, ordenada y flexible, con diferentes grados de iconicidad y ordenación del contenido.

Existen cada vez más programas de presentación con mayores posibilidades de empleo. Desde las presentaciones de carácter secuencial de textos y gráficos hasta los entornos de carácter multimedia e hipermedia. Para su utilización los expertos recomiendan la inclusión en cada una de las pantallas de una única idea sin mezclar conceptos diferentes. Si la idea es complicada se puede recurrir a una presentación secuencial, añadiendo progresivamente los datos hasta completar la idea. Es importante controlar el ritmo de presentación de las diferentes pantallas de manera que los oyentes puedan leerla sin necesidad de emplear un tiempo excesivo, ya que puede resultar aburrido, crear desinterés o distraer al auditorio.

La programación debe permitir tanto la presentación secuencial como la búsqueda aleatoria e inmediata de cualquier pantalla, lo que nos permitirá saltar imágenes o reincidir en otras que ya hayan sido expuestas. Uno de los formatos más utilizados en la actualidad y que nos permite lo descrito con anterioridad son los archivos o presentaciones del tipo *Powerpoint*.

Como en todos los apoyos visuales que hemos descrito es importante que cualquier imagen o rótulo sea visto, entendido y leído con facilidad. Hay que procurar que el diseño y la composición de pantallas sucesivas sean diferentes para crear una adecuada variedad visual. Para ello, podemos jugar con distintos fondos de color, tipos de letras o distribución de las distintas masas y colores en la composición de la imagen.

Por último, resaltaremos que la utilización de cualquier apoyo visual debe hacerse con mesura. No es aconsejable sobrecargar a la audiencia con excesivos apoyos visuales y, menos aún, dar la sensación de que el mensaje aparece escrito y que el ponente se limita a leer el mensaje sin aportar nada nuevo.

Capítulo XI

Uso de las fichas de apoyo

1. Una opción interesante: las fichas

Existen diversas maneras de pronunciar un discurso o de realizar una intervención pública. Algunos abogan por leerlo, otros por memorizarlo y finalmente existen algunos (pocos) que dejan todo a la improvisación. Ya se ha hablado en esta obra de las ventajas y desventajas de cada opción. La elección final siempre es personal.

En este capítulo nos centraremos en una de las opciones: el discurso ha sido preparado, pero no lo llevamos escrito, con lo que estamos dejando de la mano de la improvisación bastante puntos. El riesgo de esta elección consiste en que lleguemos a una de las situaciones más temidas por la persona que realiza una intervención pública, quedarse con la mente en blanco, y no llevar el discurso escrito, por lo que no sabría cómo continuar.

La manera más recomendable es el uso de fichas de apoyo. Éstas nos permiten llevar con nosotros un guión con los puntos claves de nuestro discurso, con lo que reducimos al mínimo la posibilidad de sufrir algún lapsus o quedarnos con la mente en blanco. Las fichas de apoyo nos ayudan a perder el nerviosismo inicial y nos dota de seguridad. Por otro lado, nos permite desarrollar el discurso sobre la marcha con lo que no perdemos un ápice de improvisación, pues nos da la posibilidad de introducir nuevas ideas y así resultar más espontáneos. Muchos autores recomiendan el uso de las fichas sólo para intervenciones de cierta duración.

2. Cómo deben prepararse las fichas de apoyo

Es conveniente utilizar fichas con una letra clara y grande para poder ser leídas a cierta distancia con una simple mirada. El motivo principal, además de no tener que leer la intervención, es poder mantener el contacto visual con el público, pues la mirada constituye uno de los mejores elementos de los que disponemos para captar la atención de la audiencia. La mejor forma de preparar esas notas es en fichas de cartulina tamaño cuartilla, dispuestas horizontalmente, de forma que nos permitan escribir cada una de las ideas que debemos desarrollar, así como los datos que debemos mostrar y las referencias que tengamos que citar.

Las frases deben ser muy escuetas, recogiendo palabras claves e ideas básicas que sirvan de guía al orador. Hay que evitar fichas muy recargadas que dificulten su rápida consulta. Debemos escribir por una sola cara, para no tener que voltearlas y simplemente las pasemos una tras otra. El movimiento al darles la vuelta es más brusco y podría distraer a la audiencia. Es conveniente utilizar papel duro, de tamaño cuartilla o menor, ya que son más fáciles de manejar y se arrugan menos. Las fichas las dispondremos de manera ordenada y es mejor numerarlas, de esta forma evitamos que se puedan desordenar y no sepamos cual es la que viene a continuación.

En los ensayos se deben utilizar las fichas de apoyo que más adelante se van a emplear en la intervención, es una manera de familiarizarnos con su uso. Durante la intervención no debemos esconderlas para fingir que no las estamos utilizando. El auditorio entiende perfectamente que es natural que el orador se sirva de un pequeño guión para desarrollar su discurso.

Capítulo XII

La interacción con el público. Preguntas y respuestas

1. Las preguntas

Cuando realizamos una intervención pública siempre puede llegar un turno de preguntas con las que la audiencia pretende resolver sus dudas sobre el mensaje que les hemos transmitido. La opción de preguntar enriquece la intervención, consigue involucrar más a la audiencia y transmite una imagen de seguridad y de dominio del mensaje que transmitimos, además es la manera de darle protagonismo y mayor participación a nuestro público. Si creemos que no dominamos lo suficiente el tema o lo estamos dirigiendo a una audiencia muy especializada evitaremos en la medida de lo posible el turno de preguntas.

Para evitar durante la intervención preguntas que puedan hacernos perder el hilo de nuestros argumentos es importante que al comienzo indiquemos si podemos ser o no interrumpidos durante nuestro discurso o si las preguntas se realizarán al final. La opción de permitir preguntas a lo largo de nuestra intervención cuenta con la desventaja de que las interrupciones pueden impedir que el razonamiento se desarrolle con fluidez, lo que puede perjudicar a parte del público; además, las interrupciones dificultan controlar el tiempo de la intervención, con el peligro de llegar a agotarlo sin haber finalizado la intervención. La ventaja se encuentra en los discursos que son demasiados técnicos y difíciles de entender por parte del público. Si el tema tratado es técnico, complejo, la posibilidad de poder resolver las dudas según van presentándose, permite al público seguir con mayor facilidad los razonamientos y argumentos expuestos.

Si se opta por un turno de preguntas al final de la sesión, debemos indicar el tiempo disponible e invitaremos a la audiencia a que plantee sus dudas. El problema que puede surgir es que nadie se lance y no nos hagan ninguna pregunta. Si esto sucede, tras una breve espera observando a la audiencia e invitándole con la mirada a que pregunte, seremos nosotros quienes animaremos a que el público haga sus preguntas, para ello podemos recordar algún punto tratado o preguntar de forma generalizada a la audiencia: «¿alguién no lo tiene claro…?» o «quién me podría decir…». La gran ventaja de la opción del turno de preguntas es que permite que nuestra intervención se desarrolle con continuidad, sin interferencia o interrupciones, facilitándonos el mejor control del tiempo. Otra opción es no permitir la interrupción desde el inicio y si la intervención va a ser extensa realizar pausas a lo largo del desarrollo y permitir alguna pregunta para sosegar nuestra intervención y no dejar pasar dudas que se hayan quedado en el camino.

2. Las respuestas

En las respuestas no debemos divagar, hemos de ser clarificadores y directos. Para ello tomaremos un tiempo para responder, ya que para hacerlo debemos entender bien y de forma completa la pregunta. Si desconocemos la respuesta hay que ser honestos y sincerarse y no responder con recursos, divagaciones o con ideas que nada tienen que ver con la pregunta. Existe el temor o el miedo a desconocer la respuesta a una pregunta. Sincerarse y remarcar que no se sabe responder a una pregunta siempre es mejor que devolver una idea que nada tenía que ver con la pregunta inicial. Si no sabemos cómo contestar una pregunta debemos evitar mostrar nerviosismo o contrariedad. Indicaremos con total naturalidad el desconocimiento de la respuesta e incluso podemos solicitar la intervención del público si alguien conoce la mencionada respuesta. La audiencia siempre valora positivamente la interacción y el alejamiento de un simple monólogo.

Muchos autores indican que funciona mejor admitir que no se sabe una respuesta. Si supiéramos que en algún otro momento podemos coincidir con la persona que realizó la pregunta ganaremos credibilidad y empatía con el público prometiéndole la búsqueda de la respuesta y dándosela en esa ocasión.

Responder con rapidez y fluidez es síntoma de que sabe y conoce el tema que se está tratando. Es muy recomendable prepararse las repuestas de algunas de las preguntas que creamos se nos harán. De esta manera es más sencillo que nuestra respuesta surja con espontaneidad y de forma clara. Una manera de ganar tiempo al pensar u organizar una respuesta es utilizar frases previas del tipo «esa es una buena pregunta...», «me gusta que me haga esa pregunta...» o «lo que me ha preguntado resulta interesante...». Al igual que durante la intervención, en un turno de preguntas y en las respectivas respuestas es muy importante el contacto visual. Cuando alguien pregunta debemos dirigir nuestra mirada hacia la persona, para restablecerla con el resto de la audiencia cuando finaliza. La respuesta le interesa a todo nuestro público y si respondemos estableciendo contacto visual sólo con la persona que preguntó el resto puede sentirse excluido. Está bien y es correcto pedir a la persona que pregunta que se identifique, pues podremos responder y utilizar su nombre en la respuesta con lo que logramos una mayor familiaridad con la audiencia. Otra recomendación es usar el contacto visual para fomentar en la gente las preguntas, podemos incitar a que se realice una pregunta cuando vemos en las caras de nuestro auditorio rostros de poco entendimiento del tema que tratamos. El público agradece la posibilidad de poder formular preguntas sobre aquellos aspectos que no le hayan quedado claro o sobre los que discrepe. Hay que evitar que unas pocas personas monopolicen el turno de preguntas, tratando de que intervenga el mayor número posible de personas. Por muy absurda o con carencia de interés que pueda resultar una pregunta siempre responderemos con cordialidad y educación.

Cuando se responde una pregunta, se dará la oportunidad a la persona que la planteó a insistir sobre el tema, para que pueda insistir si algo no le ha quedado claro o no está conforme con la respuesta que le hemos dado. Si el intercambio de preguntas y respuestas con una persona se prolonga durante un turno de preguntas hay que tratar de cortarlo invitándole, por ejemplo, a seguir la cuestión al final de la intervención. Recordemos que no podemos convertir un turno de preguntas en un diálogo de dos personas. Además, se corre el riesgo de agotar el tiempo con un solo tema, dejando de enriquecer el turno con más cuestiones sobre otras cuestiones y puntos de nuestro discurso.

Si en nuestra intervención existe un límite de tiempo debemos señalar cuando este se esté agotando que solo puede hacerse una pregunta más. Si por falta de tiempo no existe la posibilidad de las preguntas y respuestas, se puede ofrecer la posibilidad de quedar a disposición del público para contestar cualquier pregunta que pueda tener la audiencia, una vez finalizado el acto.

3. Entablar un debate

Llegamos al final de nuestra intervención y a menudo suele surgir un turno de preguntas. Otra manera de interactuar con el auditorio puede ser la posibilidad de un debate, de esta forma analizamos el tema tratado. Mientras que en el turno de preguntas el público pregunta y les respondemos, en el debate todos pueden participar exponiendo sus puntos de vista. Para que un debate se desarrolle de forma eficaz es necesario que el número de asistentes sea reducido, no más de veinte o veinticinco personas. El debate con el público debe permitir diferentes intervenciones. Pueden surgir diversos debates en función del tipo de intervención. Si nos encontramos con nuestra única intervención abogaremos por convertirnos en los moderadores del debate dando la palabra a las personas del público asistente. Si participamos con más personas al hablar en público puede existir la figura del moderador, o no existir y prever con el resto de oradores quien será el moderador.

El público debe estar situado de forma que facilite la participación de todos. Antes de iniciar el debate, el moderador introducirá a las personas asistentes o les pedirá que ellos mismos lo hagan. De cada uno de ellos es bueno que se facilite información relevante que permita al resto de asistentes tener una idea sobre los demás participantes.

El moderador puede iniciar el debate planteando alguna pregunta genérica o pidiéndoles a los asistentes que den su opinión sobre el tema tratado. Debe controlar la marcha del debate con vistas a que en el tiempo previsto puedan abordar la mayoría de los aspectos relevantes. Por eso es importante elaborar un guión con los puntos que serán tratados. Hay que mantener la intensidad del debate, intervendremos si fuera necesario destacando nuevos temas o realizando más preguntas generales que traigan nuevas ideas y argumentos al debate. Como moderadores debemos actuar con firmeza y siempre manteniendo la formas y educación, y solicitar lo mismo de aquellos que intervienen. Es una forma de no correr el riesgo de transformar un debate en un gallinero donde el que tiene el tono más alto se convierte en la única persona a la que se escucha, una situación muy habitual en la época que vivimos y que podemos observar en todos los pseudo debates que se emiten por televisión. Es necesario firmeza porque en cualquier momento el debate podría desviarse del tema tratado. El tiempo hay que repartirlo de forma equitativa para evitar la monopolización por parte de un individuo. Como en el turno de preguntas, se avisará a los asistentes cuando queden pocos minutos para concluir. Es el momento de resumir lo tratado en el debate y los participantes pueden concretar sus ideas y argumentos con brevedad resaltando sus puntos de vista. El moderador pone punto y final al debate y agradece la intervención y colaboración de los participantes y del público asistente.

Entrenamiento de la voz y adecuación de la respiración

Uno de los problemas más habituales cuando se comienza a hablar en público es que la respiración parece que le faltara al orador. Es una respuesta natural que deriva de la consabida ansiedad que genera tener que hablar ante un público, convirtiéndose el orador en el centro de atención. Es, sin embargo, algo a evitar, ya que de tal problema se desprenden otros, como una respiración jadeante mientras se habla, sequedad en la boca que parece pegarle los labios al orador resultándole complicado hablar sin emitir ese sonido tan molesto para quien habla de quien tiene la boca totalmente seca por la ansiedad. Para evitar lo último, además de ejercitar la respiración (como veremos más adelante) puede resultar de utilidad tomar un caramelo momentos antes para así estar salivando todo el tiempo previo a la exposición y evitar que mientras hablemos se nos seque tanto la boca.

Ya los primeros oradores sabían de todas estas dificultades, y de lo poco efectivo que resultaba tanto para el orador como para el auditorio una respiración entrecortada o jadeante, pues afectaba de modo muy negativo al discurso. Problemas estos tan vigentes hoy como entonces. Se debe, principalmente a una respiración equivocada. Bien sabido es por muchos que incluso los actores y actrices realizan ejercicios de respiración que les permitan hablar sin los ya citados problemas. No olvidemos que un actor o actriz de teatro va a hablar ante un público, pues su representación van a verla diversas personas y aunque no es lo mismo que un orador que se dirige a un auditorio los problemas de respiración al hablar pueden ser similares, pues se derivan de una misma causa: nervios.

Señala Ángel Majorana en su obra *Arte de hablar en público* lo siguiente:

«Excelente norma es la de hablar a la vez que se respira, aspirando en cambio mientras las pausas. Sólo, por excepción, debe hablarse durante los actos inspiradores, especialmente cuando, para no destruir el efecto, es útil apremiar con continuas proposiciones; pero, precisa a toda costa evitar aquellos molestos sonidos y tonos de voz (mixtos entre el silbido y el estertor y acompañados por un desordenado levantamiento del tórax y convulsiones de la boca) que tanto incomodan a los oyentes, contristados de asistir a tamaña pena. Otra norma es repetir a menudo, siquiera brevemente, los actos inspiradores, fatigando menos, en cada período, los pulmones. Por el contrario conviene prolongar la respiración propiamente dicha, o sea la emisión del aire, que no sirve sólo para respirar, sino también para hablar. Conviene igualmente no inclinarse hacia delante descubierto el pecho, aspirando más copiosa cantidad de aire».

En general, como señala también Ángel Majorana, serán de utilidad las reglas o normas o pautas antes citadas, si bien puede que cada cual conozca la mejor manera de hablar ante un auditorio, ante lo cual nada puede objetarse.

Hay otros factores a cuidar que pueden ayudarnos en nuestra respiración, como realizar un sencillo ejercicio que asegure una respiración lo más adecuada posible y que impida ciertas respuestas naturales e involuntarias a la hora de hablar en público. Con el control respiratorio se puede terminar con muchas de las respuestas propias de la ansiedad y conseguir así una respiración adecuada, que es la que todos realizamos cuando somos niños pero que, desafortunadamente, solemos perder cuando crecemos. Para comprobar si respiramos «bien» existe un ejercicio que nos los mostrará y que será el mismo que nos ayude a «entrenarnos» en caso de ser necesario. Si nos tumbamos y ponemos la mano en nuestro abdomen mientras respiramos podremos comprobar si el abdomen se hincha con cada inspiración y se deshincha al espirar, lo que dará la pauta acerca de cómo es nuestra respiración. Es muy habitual que no lo hagamos de la manera en que se acaba de señalar y que es la idónea.

Si notamos que nuestra respiración se limita a hinchar nuestro tórax y nada más, intentaremos respirar, tumbados, llenando de aire el abdomen para luego expulsarlo. Una buena forma de lograr que este ejercicio se convierta en natural es dedicar todos los días un rato a este ejercicio, tumbados y tranquilos, situando una mano sobre el abdomen para comprobar que lo estamos haciendo adecuadamente, y que el abdomen se hincha cada vez que inspiramos y se deshincha con cada espiración.

Es importante realizar bien este ejercicio, fijándonos en si efectivamente el lugar que sube y baja con cada respiración es el abdomen o, por el contrario, solamente el tórax. Esto último suele suceder cuando estamos nerviosos, como, por ejemplo, cuando el orador debe hablar en público. Por eso la importancia de un entrenamiento constante que nos permita respirar a la hora de la exposición de manera natural sin tener que preocuparnos de si se está respirando bien o no. Al colocar las manos sobre el abdomen en cada uno de los ejercicios de entrenamiento, deberemos notar que es esta la parte que se eleva con cada inspiración. Una vez que hemos comprobado que nuestro abdomen se eleva con cada inspiración centraremos nuestra atención sobre el torax, intentando que éste siga siempre los movimientos que realice el abdomen, evitando en todo momento que se quede rígido. Y, por supuesto, no hay que olvidar que la respiración ha de hacerse siempre por la nariz, no por la boca. Este es otro de los «errores» que más habitualmente se cometen al respirar, y es hacerlo por la boca. Siempre debe respirarse por la nariz, téngalo el orador bien presente, y esfuércese en evitar la respiración por la boca. Con la práctica diaria se consigue con mucha facilidad, tal y como comprobará el orador o futuro orador que decida cuidar su respiración, a fin de evitarse problemas tan fácilmente solucionables como el que nos ocupa. De hecho, se vaya a hablar en público o no, la respiración es algo que todos deberíamos cuidar, esforzándonos por realizarla de la manera más beneficiosa, y ésa es la que se acaba de exponer.

Existen diversos ejercicios que ayudan a respirar de la manera más beneficiosa, así como otros que pueden ayudar a la relajación, punto éste de vital importancia también para el orador. Es el caso, por ejemplo, de la relajación lograda a base de un ejercicio tan sencillo como es suspirar. Un ejercicio tan simple y sin embargo tan útil como suspirar de manera profunda, sin tener que pensar en otra cosa que el propio suspiro. No hay que preocuparse en este ejercicio de nada que no sea el suspiro, es decir, cómo va saliendo el aire por nuestra boca mientras emite el característico sonido del suspiro. Puede repetirse el suspiro todas las veces que haga falta hasta que la sensación de relajación o de recuperación de la tranquilidad vuelve. Este ejercicio tiene además la ventaja de poder practicarse tanto de pie como sentado, lo que facilita su realización al orador incluso momentos antes de la exposición, si así lo requiere.

Discursos

DISCURSOS

Discurso. Presidente de la República de México Vicente Fox durante la Ceremonia de Inhumación de los Restos de Manuel Gómez Morín, 27 de febrero de 2004

Muy buenos días.

Señores representantes de los poderes Legislativo y Judicial; muy estimado Luis Felipe Bravo Mena, presidente de Acción Nacional; hija e hijos, nietos, nietas y familiares de don Manuel; amigas y amigos de don Manuel y seguidores de su pensamiento; compañeras y compañeros panistas; ciudadanas y ciudadanos:

Éste es un día que muchos de los aquí presentes esperábamos, demandamos e incluso soñamos durante décadas. Hoy, por fin, en un acto de plena justicia histórica, el Estado mexicano rinde homenaje a Manuel Gómez Morín.

Hoy, el Gobierno de la República reconoce al constructor de instituciones, al educador cívico, a uno de los siete sabios y al demócrata pacifista y al panista. Honramos al visionario, al hombre de espléndida inteligencia y al enérgico creador.

Sobre todo, enaltecemos al mexicano excepcional cuyo nombre es patrimonio de México; cuya acción estuvo al servicio de la Nación entera; cuyo legado a todos pertenece, a todos incluye, a todos —aún ahora— llama a la ética y a un despertar de la conciencia republicana.

A partir de hoy, sus restos ocuparán un lugar en el panteón más alto de la patria, al lado de mujeres y hombres que, con su vida y su obra, forjaron la grandeza de México.

Al honrar de esta manera a don Manuel, su vida nos ilumina como una antorcha de conocimiento, se eleva como una señal para las generaciones por venir.

Esperamos que (así como él fue heredero de una convicción y una dinámica democráticas que nacieron con Francisco I. Madero y José Vasconcelos) los mexicanos del hoy y del mañana se inspiren con su ideario, su fuerza espiritual y su pasión creadora.

Los jóvenes deben nutrirse del ejemplo de honestidad que fue la vida de don Manuel Gómez Morín. La ética que representó aún tiene muchos espacios por ganar en la política de nuestros días. Bien decía que para mejorar la vida pública «es imprescindible un cambio de actitud, un paso hacia la autenticidad, hacia la sinceridad». En su pensamiento, esto implica «una profunda cuestión de orden moral, perdida de vista en medio de una larga simulación».

Él nos enseñó que la ética es un imperativo de acción, un llamado a plasmar las mejores ideas en obras concretas, a poner la inteligencia al servicio de la persona y de la vida social. Sus ideas se transformaron en vigorosas realidades que aún hoy tienen un gran peso en la sociedad mexicana.

Fue constructor e inspirador de instituciones de capital importancia para la Nación: el Banco de México, el Banco de Crédito Agrícola, la Cámara Nacional de Comercio, el Partido Acción Nacional, Instituto Mexicano del Seguro Social. Todas estas instituciones dan testimonio de su espíritu humanista. Manuel Gómez Morín fue siempre un intelectual emprendedor y siempre un emprendedor intelectual.

Defensor de las libertades cívicas, fue uno de los más influyentes constructores de la autonomía de la Universidad Nacional Autónoma de México y, ya como su rector, de la libertad de cátedra.

Fue abogado del «buen poder», del poder que sirve, que hace crecer, que respeta el poder que pone en el centro de sus preocupaciones a la persona humana del poder que lucha por la dignidad humana y por evitar el dolor evitable.

En una época en la que los políticos veían como opción natural el camino de las armas, Manuel Gómez Morín mantuvo una elevada estatura moral y una inquebrantable vocación pacifista. Su esperanza fundadora sembró la convicción de que México debía ser de partidos políticos, no de pronunciamientos militares.

Nunca eligió el camino fácil. Su dignidad le obligó a recorrer el más arduo de todos. Esta persistencia sólo fue posible porque en él convivían el sentido de trascendencia y la racionalidad, la fuerza espiritual y la fuerza intelectual, el creyente y el político.

Visionario de horizontes infinitos, pensó siempre en términos de instituciones por construir. Dio preferencia a revolucionar conciencias que a ganar votos. Privilegió al Estado sobre la política y se esforzó por alcanzar victorias culturales. Con ello no obtuvo escaños, ministerios, curules o sillas presidenciales, sino un merecido lugar en nuestra historia y la eterna gratitud de la República. Manuel Gómez Morín sembró una semilla democrática que rindió frutos el 2 de julio de 2000.

Don Manuel sostuvo la convicción de que «la patria, la ciudad, son tan suficientes, tan limpias, tan claras, tan armoniosas, tan justas, tan libres, como nosotros mismos lo seamos». Por ello, hizo de su vida un testimonio de fe y principios. En esa lucha, en esas batallas, con ese espíritu, hoy estamos comprometidos.

El rasgo más importante de su persona fue su integridad y su absoluta congruencia, coincidiendo con el precepto de otro gran pacifista y político, Mahatma Gandhi, quien afirmó que «nosotros mismos debemos ser el cambio que queremos ver en el mundo».

Señoras y señores:

En la Rotonda de las Personas Ilustres vive la memoria, el heroísmo, la capacidad creativa y el pensamiento de grandes mujeres y hombres de la historia mexicana; viven los valores que han forjado a nuestro país.

A partir de ahora, hoy, aquí vivirá también el ejemplo de perseverancia y entrega a México que don Manuel Gómez Morín expresó con sus inmortales palabras:

«No olvidemos, sobre todo, que nuestro deber es permanente, no lucha de un día sino brega de eternidad y herencia para nuestros hijos. Que la decisión y el esfuerzo próximo sean episodios solamente en el cumplimiento de ese deber. Nunca, pues, celebraremos la llegada; cada día, todos los días, conmemoraremos y reiniciaremos la partida.»

Don Manuel: cada día, todos los días, reiniciaremos la partida. Cada día seguiremos trabajando, sin descanso, para edificar esa Patria ordenada y generosa que usted soñó. Seremos fieles a su ejemplo. Cada día sus palabras, su indeleble huella espiritual y sus obras serán guía de nuestra propia brega de eternidad.

Muchas gracias.

Declaración del Secretario General de las Naciones Unidas, Sr. Kofi Annan, en la Sesión Especial sobre VIH/SIDA de la Asamblea General de las Naciones Unidas Nueva York, 25 de junio de 2001

Gracias, Sr. Presidente, Excelencias, estimados amigos,

Estamos aquí para hablar acerca de una crisis sin precedentes, pero que tiene una solución: una respuesta también sin precedentes de todos nosotros. Estamos aquí para acordar la acción que tomaremos.

En los veinte años transcurridos desde que el mundo oyó acerca del SIDA, la epidemia se ha esparcido a cada rincón del mundo. Ha matado a casi 22 millones de personas. Ha dejado huérfanos a 13 millones de niños.

Hoy, como lo hemos oído del Presidente (Peter Piot), más de 36 millones de personas a nivel mundial viven con VIH/SIDA. Tan sólo el año pasado, más de cinco millones de personas fueron infectada. Todos los días, otras 15.000 personas adquieren el virus. En algunos países africanos, el SIDA ha retrasado el desarrollo por una década o más. Y ahora se esparce con velocidad espantosa en Europa Oriental, en Asia y en el Caribe.

Hasta ahora, la respuesta de mundo no ha sido suficiente para el desafío. Pero este año, nosotros avizoramos un punto de cambio. El SIDA no puede ya hacer su trabajo mortal en la oscuridad. El mundo ha comenzado a despertarse.

Hemos visto este despertar, en los medios y la opinión pública, dirigido por doctores y trabajadores sociales, por activistactivistas y economistas, sobre todo por gente viviendo con la enfermedad. Lo hemos visto entre gobiernos. Y lo hemos visto acontecer en el sector privado.

Desde que la pesadilla comenzó, nunca había habido un momento así de propósito común. Nunca habíamos sentido tal necesidad de combinar el liderazgo, la asociación y la solidaridad.

El liderazgo se necesita en cada país, en cada comunidad y a nivel internacional, donde ahora se establece todo el sistema de las Naciones Unidas.

Todos nosotros debemos reconocer al SIDA como nuestro problema. Todos nosotros lo debemos hacer nuestra prioridad.

Se necesita la colaboración entre gobiernos, las compañías privadas, las fundaciones, las organizaciones internacionales y, por supuesto, la sociedad civil. Las organizaciones no gubernamentales han estado en el frente de la batalla contra SIDA desde el principio. Todos nosotros debemos aprender de su experiencia, y seguir su ejemplo. Cuán correcto es que ellos jueguen una parte activa en esta Sesión.

Finalmente, se necesita la solidaridad entre el saludable y el enfermo, entre rico y pobre; sobre todo, entre las naciones más ricas y las más pobres.

El gasto en la batalla contra el SIDA en el mundo en vías de desarrollo necesita subir a aproximadamente cinco veces su nivel actual.

Los mismos países en vías de desarrollo están listos para dar su parte, como lo prometieron líderes africanos en la cima de Abuja. Pero ellos no lo pueden hacer solos.

La gente ordinaria en los países desarrollados ahora demuestra entender esto. Insto a sus líderes para actuar por consiguiente.

Debemos movilizar el dinero requerido para este esfuerzo excepcional, y nosotros debemos cerciorarnos de que sea utilizado de una manera efectiva. Es por eso que he hecho un llamado para un Fondo Global de SIDA y Salud, abierto a ambos, gobiernos y donadores privados, para ayudarnos a financiar la amplia estrategia, coherente y coordinada que necesitamos.

Nuestra meta es hacer el Fondo operacional para el fin de este año. Continuaré trabajando con todos los inversionistas para asegurar que lleguemos a esa meta.

Permítanme aplaudir a que los que hayan prometido contribuir. Espero que los otros sigan su ejemplo, durante y después de esta Sesión Especial.

Excelencias,

Cuando instamos a otros a cambiar su comportamiento, para protegerlos contra la infección, nosotros mismos debemos estar listos para cambiar nuestro propio comportamiento en la arena pública.

No podemos enfrentar al SIDA haciendo juicios morales, o rehusar a encarar los desagradables hechos, y todavía menos por estigmatizar a los que están infectados, y hacer parecer que todo es culpa de ellos.

Sólo podemos hacerlo hablando clara y simplemente, acerca de las maneras en que la gente puede llegar a infectarse, y acerca de lo que pueden hacer para evitar la infección. Y recordemos que cada persona que se infecta, cualquiera que sea la razón, es un prójimo, con necesidades humanas y derechos humanos.

No dejar a nadie pensar que construyendo barreras entre ellos y nosotros nos podemos proteger. En el mundo despiadado del SIDA, no hay ellos ni nosotros.

Amigos míos,

Para hacer todo esto, nosotros debemos cambiar, si no para nuestra propia consideración, sí para nuestros niños.

Debemos hacer de esta Sesión de la Asamblea General algo realmente especial.

Y debemos enviar al mundo un mensaje de esperanza. Un mensaje de esperanza.

Muchísimas gracias.

Discurso pronunciado por el Premio Nobel de Literatura, Camilo José Cela, ante la Academia Sueca.
10 de diciembre de 1989

Mi viejo amigo y maestro Pío Baroja tenía un reloj de pared en cuya esfera lucían unas palabras aleccionadoras, un lema estremecedor que señalaba el paso de las horas: todas hieren, la última mata. Pues bien: han sonado ya muchas campanadas en mi alma y en mi corazón, las dos manillas de ese reloj que ignora la marcha atrás, y hoy, con un pie en la mucha vida que he dejado atrás y el otro en la esperanza, comparezco ante ustedes para hablar con palabras de la palabra y discurrir, con buena voluntad y ya veremos si también con suerte, de la libertad y la literatura.

No sé donde pueda levantar su aduana la frontera de la vejez pero, por si acaso, me escudo en lo dicho por don Francisco de Quevedo: todos deseamos llegar a viejos y todos negamos haber llegado ya. Porque sé bien que no se puede volver la cara a la evidencia, y porque tampoco ignoro que el calendario es herramienta inexorable, me dispongo a decirles cuanto debo decir, sin dejar el menor resquicio ni a la inspiración ni a la improvisación, esas dos nociones que desprecio.

Escribo desde la soledad y hablo también desde la soledad. Mateo Alemán, en su *Guzmán de Alfarache*, y Francis Bacon, en su ensayo *Of Solitude*, dijeron —y más o menos por el mismo tiempo— que el hombre que busca la soledad tiene mucho de dios o de bestia. Me reconforta la idea de que no he buscado, sino encontrado, la soledad, y que desde ella pienso y trabajo y vivo —y escribo y hablo—, creo que con sosiego y una resignación casi infinita. Y me acompaña siempre en mi soledad el supuesto de Picasso, mi también viejo amigo y maestro, de que sin una gran soledad no puede hacerse una obra duradera. Porque voy por la vida disfrazado de beligerante, puedo hablar de la soledad sin empacho e incluso con cierta agradecida y dolorosa ilusión.

El mayor premio que se alcanza a recibir es el de saber que se puede hablar, que se pueden emitir sonidos articulados y decir palabras señaladoras de los objetos, los sucesos y las emociones.

Tradicionalmente, el hombre ha venido siendo definido por los filósofos echando mano del socorrido medio del género próximo y la diferencia específica, es decir, aludiendo a nuestra condición animal y el origen de las diferencias. Desde el «zoón politikón» de Aristóteles al alma razonable cartesiana, ésos han sido los señalamientos imprescindibles para distinguir entre brutos y humanos. Pues bien, por mucho que los etólogos puedan poner en tela de juicio lo que voy a mantener, no sería difícil encontrar autoridades suficientes para situar en el rasgo del lenguaje esa definitiva fuente de la naturaleza humana que nos hace ser, para bien y para mal, diferentes del resto de los animales.

Somos distintos de los animales, y desde Darwin, sabemos que procedemos de ellos. La evolución del lenguaje tiene, pues, un primordial aspecto que no podemos dejar de lado. La filogénesis de la especie humana incluye un proceso de evolución en el que los órganos que producen e identifican los sonidos y el cerebro que les presta sentido, van formándose en un lento tiempo que incluye el propio nacer de la humanidad. Ninguno de los fenómenos posteriores, desde el *Cantar de Mio Cid* y *El Quijote* a la teoría de los «quanta», es comparable en trascendencia al que supuso el nombrar por primera vez las cosas más elementales. Sin embargo, y por razones obvias, no voy a referirme aquí a la evolución del lenguaje en ese sentido primigenio y fundamental, sino en otro, pudiera ser que más secundario y accidental, pero de importancia relativa muy superior para quienes hemos nacido en una comunidad con tradición literaria más que secular.

En opinión de etnolingüistas tan ilustres como A.S. Diamond, la historia de las lenguas, de todas las lenguas, navega a través de una secuencia en la que las oraciones comienzan, en sus más remotos orígenes, siendo simples y primitivas para acabar con el tiempo complicándose tanto en su sintaxis con en el contenido semántico que son capaces de ofrecernos. A fuerza de extrapolar la tendencia históricamente comprobable, se supone también que ese avance hacia la complejidad pasa por un momento inicial en el que la mayor parte del peso comunicativo recae sobre los verbos, hasta llegar a la actual situación en la que los substantivos, los adjetivos y los adverbios son quienes salpican y dan densidad al contenido de la frase. Si esta teoría es cierta y si dejamos volar un poco la imaginación, pudiéramos pensar que la primera palabra fue un verbo en su más inmediato y urgente uso, esto es, en imperativo.

El imperativo tiene todavía, claro es, una considerable importancia en la comunicación y es difícil tiempo de verbo con el que debe tenerse sumo cuidado puesto que obliga a conocer muy en detalle las no siempre sencillas reglas del juego. Un imperativo mal colocado puede llevarnos a resultados exactamente opuestos a los deseados, porque en la triple distinción que John Langshaw Austin hizo famosa (lenguaje locucionario, ilocucionario y perlocucionario) ya quedó expuesta con suficiente sagacidad la tesis del lenguaje perlocucionario como el tendente a provocar una determinada conducta en el interlocutor. No sirve para nada el que se ordene algo si aquel a quien se dirige el mandato disimula y acaba haciendo lo que le da la gana.

Desde el «zoón politikón» al alma razonable han quedado suficientemente delimitados los campos en los que pace la bestia o canta el hombre, no siempre con muy templada voz.

Cratilo, en el «Diálogo» platónico al que presta su nombre, esconde a Heráclito entre los pliegues de su túnica. Por boca de su interlocutor Hermógenes habla Demócrito, el filósofo de lo lleno y lo vacío, y quizá también Protágoras, el antigeómetra, que en su impiedad llegó a sostener que el hombre es la medida de todas las cosas: de las que son, en cuanto son, y de las que no son, en cuanto no son.

A Cratilo le preocupó el problema de la lengua, eso que es tanto lo que es como lo que no es, y sobre su consideración se extiende en amena charla con Hermógenes. Cratilo piensa que los nombres de las cosas están naturalmente relacionados con las cosas. Las cosas nacen (o se crean, o se descubren, o se inventan) y en su ánima habita, desde su origen, el adecuado nombre que las señala y distingue de las demás. El significante (parece querer decirnos) es noción prístina que nace del mismo huevo de cada cosa; salvo en las razonables condiciones que mueven las etimologías, el perro es perro (en cada lengua antigua) desde el primer perro y el amor es amor, según indicios, desde el primer amor. La linde paradójica del pensamiento de Cratilo, contrafigura de Heráclito, se agazapa en el machihembrado de la inseparabilidad —o unidad— de los contrarios, en la armonía de lo opuesto (el día y la noche) en movimiento permanente y reafirmador de su substancia —las palabras también, en cuanto objetos en sí (no hay perro sin gato, no hay amor sin odio)—.

Hermógenes, por el contrario, piensa que las palabras son no más que convenciones establecidas por los hombres con el razonable propósito de entenderse. Las cosas aparecen o se presentan ante el hombre, y el hombre, encarándose con la cosa recién nacida, la bautiza. El significante de las cosas no es el manantial del bosque, sino el pozo excavado por la mano del hombre. La frontera parabólica del sentir —y del decir— de Hermógenes, máscara de Demócrito y a ratos de Protágoras, se recalienta en no pocos puntos: el hombre, eso que mide (y designa) todas y cada una de las cosas, ¿es el género o el individuo?; las cosas, ¿son las cosas físicas tan sólo o también las sensaciones y los conceptos? Hermógenes, al reducir el ser al parecer, degüella a la verdad en la cuna; como contrapartida, el admitir como única proposición posible la que formula el hombre por sí y ante sí, hace verdadero —y nada más que verdadero— tanto a lo que es verdad como a lo que no lo es. Recuérdese que el hombre, según famosa aporía de Victor Henry, da nombre a las cosas pero no puede arrebatárselo: hace cambiar el lenguaje y, sin embargo, no puede cambiarlo a voluntad.

Platón, al hablar ——quizá con demasiada cautela— de la rectitud de los nombres, parece como inclinar su simpatía, siquiera sea veladamente, hacia la postura de Cratilo: las cosas se llaman como se tienen que llamar (teorema orgánico y respetuoso al borde de ser admitido, en pura razón, como postulado) y no como los hombres convengan, según los vientos que soplen, que deban llamarse (corolario movedizo o, mejor aún: fluctuante según el rumbo de los mudables supuestos presentes —que no previos— de cada caso).

De esta segunda actitud originariamente romántica y, en sus consecuencias, demagógica, partieron los poetas latinos, con Horacio al frente, y se originaron todos los males que, desde entonces y en este terreno, hubimos de padecer sin que pudiéramos ponerle remedio.

En el *Ars poetica*, versos 70 al 72, se canta el triunfo del uso sobre el devenir (no siempre, al menos, saludable) del lenguaje.

Multa renascentur quae iam cecidere, cadentque
Quae nunc sunt in honore vocabula, si volet usus,
Quem penes arbitrum est et ius et norma loquendi.

Esta bomba de relojería —grata, sin embargo, en su aparente caridad— tuvo muy ulteriores y complejos efectos: el último, el de suponer que la lengua la hace el pueblo y, fatalmente, nadie más que el pueblo, sin que de nada valgan los esfuerzos, que por anticipado deben ahorrarse, para reducir la lengua a norma lógica y limpia y razonable. Esta arriesgada aseveración de Horacio —en el uso está el arbitrio, el derecho y la norma del lenguaje— convirtió al desbrozarlo de trabajosas malezas, el atajo en camino real, y por él marchó el hombre, con la bandera del lenguaje en libertad tremolando al viento, obstinándose en confundir el triunfo con la servidumbre que entraña su mera apariencia. Si Horacio tenía su parte de razón, que no hemos de regatearle aquí, y su lastre de sinrazón, que tampoco hemos de disimularlo en este trance, también a Cratilo y a Hermógenes, afinando sus propósitos, debemos concederles lo que es suyo. La postura de Cratilo cabe a lo que viene llamándose lenguaje natural u ordinario o lengua, producto de un camino histórico y psicológico casi eternamente recorrido, y el supuesto de Hermógenes conviene a aquello que entendemos como el lenguaje artificial o extraordinario o jerga, fruto de un acuerdo más o menos formal, o de alguna manera formal, con fundamento lógico pero sin tradición histórica ni psicológica, por lo menos en el momento de nacer. El primer Wittgenstein

—el del *Tractatus*— es un conocido ejemplo de la postura de Hermógenes en nuestros días. En este sentido, no sería descabellado hablar de lenguaje cratiliano o natural o humano y de lenguaje hermogeniano o artificial o parahumano. Es obvio que me refiero, como se refería Horacio, al primero de ambos, esto es, a la lengua de vivir y de escribir: sin cortapisas técnicas ni defensivas.

También el lenguaje que ahora llamo cratiliano alude Max Scheler —y en general los fenomenólogos— cuando habla del lenguaje como mención o como anuncio o expresión, y Karl Buhler al ordenar las tres funciones del lenguaje: la expresión, la apelación y la representación.

Ni que decir tiene que el lenguaje hermogeniano admite naturalmente su artificio original, mientras que el lenguaje cratiliano se resiente cuando se le quiere mecer en cunas que no le son perjudiciales y en las que, con frecuencia, se agazapan contingencias un tanto ajenas a su diáfano espíritu.

Es arriesgado admitir, a ultranza, que la lengua natural, el lenguaje cratiliano, nazca de las mágicas nupcias del pueblo con la casualidad. No; el pueblo no crea el lenguaje: lo condiciona. Dicho sea con no pocas reservas, el pueblo, en cierto sentido, adivina el lenguaje, los nombres de las cosas, pero también lo adultera e hibridiza. Si sobre el pueblo no gravitasen aquellas contingencias ajenas a que poco atrás aludía, el planteamiento de la cuestión sería mucho más inmediato y lineal. Pero el objeto no propuesto y que, sin embargo, esconde el huevo de la verdad del problema es uno y determinado y no está a mi alcance, ni al de nadie, el cambiarlo por otro.

El lenguaje cratiliano, la lengua, estructura o sistema de Ferdinand de Saussure, nace en el pueblo —más entre el pueblo que de él—, es fijado y autorizado por los escritores, y es regulado y encauzado por las Academias en la mayoría de los casos. Ahora bien: estos tres estamentos —el pueblo, los escritores y las Academias— no siempre cumplen con su peculiar deber y, con frecuencia, invaden o interfieren ajenas órbitas. Diríase que las Academias, los escritores y el pueblo no representan a gusto su papel sino que prefieren, aunque no les competa, fingir el papel de los demás que, pudiera ser incluso por razón de principio, queda siempre borroso y desdibujado y, lo que es peor, termina por difuminar y velar el objeto mismo de su atención: el lenguaje, el verbo que se precisaría esencialmente diáfano. O algebraico y a modo de mero instrumento, sin otro valor propio que el de su utilidad, en el extremo Unamuno de *Amor y pedagogía*.

Un último factor determinante, el Estado, aquello que sin ser precisamente el pueblo, ni los escritores, ni las Academias, a todos condiciona y constriñe, viene a incidir por mil vías dispersas (la jerga administrativa, los discursos de los gobernantes, la televisión, etc.) sobre el problema, añadiendo, más por su mal ejemplo que por su inhibición, confusión al desorden y caos y desbarajuste.

Sobre los desmanes populares, literarios, académicos, estatales, etc. nadie se pronuncia, y la lengua marcha no por donde quiere, que en principio sería cauce oportuno, sino por donde la empujan las encontradas fuerzas que sobre ella convergen.

El pueblo, porque le repiten los versos de Horacio a cada paso, piensa que todo el monte es orégano y trata de implantar voces y modos y locuciones no adivinadas intuitiva o subconscientemente —lo que pudiera ser, o al menos resultar, válido o plausible— sino deliberada y conscientemente inventadas o, lo que es aún peor, importadas (a destiempo y a contrapelo del buen sentido).

Los escritores, a remolque del uso, vicioso con frecuencia, de su contorno (señálense en cada momento las excepciones que se quieran), admiten y autorizan formas de decir incómodas a la esencia misma del lenguaje o, lo que resulta todavía más peligroso, divorciadas del espíritu del lenguaje.

El problema de las Academias está determinado por los ejes sobre los que fluctúan: su tendencia conservadora y el miedo a que se les eche en cara.

La erosión del lenguaje hermogeniano sobre el lenguaje cratiliano acentuándose más y más a medida que pasa el tiempo, entraña el peligro de disecar lo vivo, de artificializar lo natural. Y este riesgo puede llegar, repito, tanto por el camino de la pura invención como por el de la gratuita incorporación o de la resurrección o vivificación a destiempo.

Razones muy minúsculamente políticas parecen ser el motor que impulsa e impulsó a las lenguas, a todas las lenguas, a claudicar, con la sonrisa en los labios, ante los repetidos embates de quienes las asedian. Entiendo que el riesgo corrido es desproporcionado a los beneficios, un tanto utópicos, que en un futuro incierto pudieran derivarse y, sin preocupaciones puristas que están muy lejos de mi ánimo, sí quisiera alertar a los escritores, antes que a nadie, a la Academia, en seguimiento, y al Estado subsidiariamente, para que pusiesen coto al desbarajuste que nos acecha. Existe un continuo del lenguaje que salta por encima de las clasificaciones que queremos establecer, sin duda alguna, pero esta evidencia no nos autoriza a hacer tabla rasa de sus fronteras naturales. Suponer lo contrario sería tanto como admitir la derrota que todavía no se ha producido.

Agudicemos nuestro ingenio en defensa de la lengua —repito: de todas las lenguas— y recordemos siempre que confundir el procedimiento con el derecho, como tomar la letra por el espíritu, no conduce sino a la injusticia, situación que es fuente, y a la vez secuela, del desorden.

El pensamiento, con su apéndice inseparable del lenguaje, y la libertad, que probablemente pudiera también unirse a ciertas formas lingüísticas y conceptuales, forman esa especie de marco general en el que caben todas las empresas humanas: las que se destinan a explorar y ampliar las fronteras de lo humano y también aquellas otras que, por el contrario, no buscan sino abdicar de la propia condición de hombre. El pensamiento y la libertad fundan por igual el ánimo de héroes y villanos. Pero esa condición general oculta la necesidad de mayores precisiones si tenemos que acabar entendiendo qué es lo que significa, en realidad, pensar y ser libre. Pensar, en la medida en que sabemos identificar los fenómenos de la conciencia, resulta para el hombre «pensar en ser libre». Se han consumido multitud de argumentos para establecer hasta qué punto es esa libertad algo cierto, o en qué medida no constituye sino otro de los fenómenos que taimadamente acuña el pensamiento humano, pero es ésa una controversia probablemente inútil. Un filósofo español ha sabido advertirnos que tanto el espejismo como la imagen auténtica de la libertad significan la misma cosa. Si el hombre no es libre, si queda sujeto a unas cadenas causales que tienen su raíz en la base material que estudian la psicología, la biología, la sociología o la historia, cuenta también en su condición de ser humano con la idea, quizá ilusoria pero absolutamente universal, de su propia libertad. Y si creemos ser libres, vamos a organizar nuestro mundo de forma muy parecida a como lo haríamos si, finalmente, resultamos serlo.

Los elementos arquitectónicos en que hemos ido apoyando, con mayor o menor fortuna, el entramado complejo de nuestras sociedades, establecen el postulado fundamental de la libertad humana, y pensando en él valoramos, ensalzamos, denigramos, castigamos y padecemos: con el aura de la libertad como espíritu que infunde los códigos morales, los principios políticos y las normativas jurídicas.

Sabemos que pensamos y pensamos porque somos libres. En realidad es un pez que se muerde la cola, o mejor dicho, un pez ansioso por atrapar su propia cola, el que liga la relación entre pensamiento y libertad; porque ser libre es tanto una consecuencia inmediata como una condición esencial del pensamiento. Al pensar, el hombre puede desligarse cuanto desee de las leyes de la naturaleza: puede aceptarlas y someterse a ellas, claro es, y en esa servidumbre basará su éxito y su prestigio el químico que ha traspasado los límites de la teoría del flogisto. Pero en el pensamiento cabe el reino del disparate al lado mismo del imperio de la lógica, porque el hombre no tan sólo es capaz de pensar el sentido de lo real y lo posible. La mente es capaz de romper en mil pedazos sus propias maquinaciones y recomponer luego una imagen aberrante por lo distinta. Pueden así añadirse a las interpretaciones racionales del mundo sujetas a los sucesos empíricos cuantas alternativas acudan al antojo de aquel que piensa, por encima de todo, bajo la premisa de la libertad. El pensamiento libre, en este significado restringido que se opone al mundo empírico, tiene su traducción en la fábula. Y la capacidad de fabular aparecería, pues, como un tercer compañero capaz de añadirse en la condición humana al pensamiento y la libertad, gracias a esa pirueta que concede carácter de verdad a lo que, hasta la presencia de la fábula, ni siquiera fue simple mentira.

A través del pensamiento el hombre puede ir descubriendo la verdad que ronda oculta por el mundo, pero también puede crearse un mundo diferente a su medida y los términos que llegue a desear, puesto que la presencia de la fábula se lo permite. Verdad, pensamiento, libertad y fábula quedan así ligados por medio de una relación difícil y, en ocasiones sospechosa, de un oscuro pasadizo que contiene no pocos equívocos en forma de sendero —y aun de laberinto— del que no se sale jamás. Pero la amenaza del riesgo siempre ha sido la mayor fuente de argumentos para justificar la aventura.

La fábula y la verdad científica no son formas del pensamiento sino que, contrapuestas, constituyen no más que entidades heterogéneas e imposibles de comparación recíproca puesto que apelan a códigos diferentes y se someten a técnicas muy diversas. No cabría, pues, esgrimir al estandarte de lo literario en la tarea pendiente de la liberación de los espíritus, si es que hay que tomarlo como contrapartida de esa novísima esclavitud de la ciencia. Creo que, muy al contrario, se trata de ir distinguiendo con muy prudente diligencia entre aquella ciencia y aquella literatura que, al alimón, encierran al hombre dentro de las paredes rígidas contra las que acaba por estrellarse toda idea de libertad y voluntad, y atreverse a contraponerlas a esas otras experiencias científicas y literarias que pretenden ceñirse a la esperanza. El confiar ciegamente en el sentido superior de la libertad y la dignidad del hombre frente a aquellas sospechosas verdades que acaban por disolverse en un mar de presunción sería, pues, testimonio de haber avanzado un paso en el camino. Pero no basta. Si algo hemos aprendido es que la ciencia no solamente resulta incapaz de justificar las pretensiones de la libertad, sino que, además, necesita de las muletas que le permitan un apoyo exactamente contrario. Las exigencias más profundas de los valores de la libertad y voluntad humanas son las únicas capaces de fundamentar la ciencia y permitirle, con tales armas, escaparse de un utilitarismo que no puede resistir la trampa de la cantidad y la medida. En esa idea aparece la necesidad de reconocer que la literatura y la ciencia, aun siendo heterogéneas, no pueden permanecer aisladas en una profiláctica labor de definición de áreas de influencia. No pueden hacerlo por un doble motivo, que atiende tanto a la condición del lenguaje (esa herramienta básica del pensamiento), como a la necesidad de ir acotando y distinguiendo tanto lo que es encomiable y digno de elogio como lo que, por el contrario, tiene que sufrir la denuncia de todos los que aceptan el compromiso con su propio ser.

A mí me parece que la literatura, como máquina de fabular se apoya en dos pilares que constituyen el armazón necesario para que la obra literaria resulte valiosa. En primer lugar, un pilar estético, que obliga a mantener la narración (o el poema, o el drama o la comedia) por encima de unos mínimos de calidad que ocultan, por debajo de ellos, un mundo subliterario en el que la creación resulta difícilmente acompasable con las emociones de los lectores. Desde el realismo socialista a las múltiples veleidades pretendidamente experimentalistas, la ausencia de talento estético convierte esa subliteratura en un monótono engarce de palabras incapaces de lograr fábula valedera alguna.

Pero una segunda columna, esta vez de talante ético, asoma también en la consideración del fenómeno literario, prestando a la calidad estética un complemento que tiene mucho que ver con todo lo dicho hasta ahora respecto al pensamiento y la libertad. Los presupuestos ético y estético no tienen, claro es, ni igual sentido ni idéntica valía. La literatura puede instalarse en un difícil equilibrio sobre una única dimensión estética que justifique el arte por el arte, y que pudiera ser que la calidad de la emoción estética fuere, a la larga, una condición de más dilatada vida que el compromiso ético. Todavía podemos apreciar los poemas homéricos y los cantares épicos medievales, mientras que ya hemos olvidado, al menos en forma de conexión automática, el sentido ético que tuvieron en las ciudades helénicas y los feudos europeos. Pero el arte por el arte es, en sí mismo, un dificilísimo ejercicio, siempre amenazado de usos espurios capaces de tergiversar su real significado.

Creo que el presupuesto ético es el elemento que convierte la obra literaria en algo verdaderamente digno del papel excelso de la fabulación. Pero convendría entender bien el sentido de lo que estoy diciendo, porque la fábula literaria, en tanto que expresión de aquellos lazos que unían la capacidad humana de pensar con la vivencia quizá utópica del ser libre, no puede reflejar cualquier tipo de compromiso ético. Entiendo que la obra literaria tan sólo admite el compromiso ético del hombre, del autor, con sus propias intuiciones acerca de la libertad. Claro es que cualquier hombre, y el más astuto y equilibrado de los autores literarios, no es nunca capaz (quizá fuera mejor decir: no es siempre capaz) de superar su propia condición humana; cualquier hombre, digno, está amenazado de ceguera, y el sentido de la libertad es lo suficientemente ambiguo como para que en su nombre puedan cometerse los más aciagos errores. Tampoco la calidad estética puede aprenderse según los esquemas de los manuales. La fábula literaria está condenada a acertar tanto en su intuición ética como en su compromiso estético, porque tan sólo de esa manera podrá tener un significado aceptable en términos ajenos a una posible moda pasajera o a una confusión rápidamente enmendable. En tanto que la historia del hombre es móvil y sinuosa, ni la intuición ética ni la estética pueden anticiparse fácilmente. Existen autores cuya sensibilidad para captar emociones colectivas les llevan a convertirse en magníficos ejemplos de la onda colectiva imperante, y dan a su obra un carácter de reflejo condicionado. Otros, por el contrario, echan sobre sus hombros la tarea ingrata y a menudo no lo bastante aplaudida de situar la libertad y la creatividad humana un poco más arriba en ese camino que quizá tampoco lleve a ninguna parte. Inútil es decir que tan sólo en este caso la literatura cumple su función más exactamente identificada con el compromiso marcado por la condición humana y, si exigimos un rigor absoluto en estas tesis, tan sólo ella podría llamarse con todos los honores la verdadera literatura. Pero la sociedad humana no puede estar vinculada más que a los genios, los santos y los héroes.

En esta tarea de búsqueda de la condición libre, la fábula cuenta con las notorias ventajas que le proporciona, precisamente, la maleabilidad interna del relato literario. La fábula no necesita sujetarse a imposición alguna que pueda limitar ambiciones, novedades y sorpresas y, en tanto que esto sea así, puede permitirse como ningún otro medio del pensamiento el mantener bien alto el estandarte de la utopía. Quizá por ello los más sesudos tratadistas de la filosofía política han decidido enmascarar bajo la forma del relato literario aquellas propuestas utópicas que en su momento no habrían sido aceptadas fácilmente sin los ropajes de la ficción. Una fábula no tiene límites para la utopía, en tanto que ella misma está por necesidad anclada en la condición utópica.

Pero no tan sólo en la facilidad para la propuesta utópica cuenta con ventajas la expresión literaria. La plasticidad interna del relato, la maleabilidad de las situaciones, los personajes y los acontecimientos, resulta un magnífico crisol para aventurar sin mayores riesgos todo un taller o, si se prefiere, un laboratorio en el que los seres humanos ensayan su conducta en condiciones inmejorables para el experimento. La fábula no se limita a indicar la utopía; puede también analizar cuidadosamente cuál es su discurrir y sus consecuencias en todas aquellas alternativas, desde la sesuda previsión hasta el disparate, que el pensamiento creador pueda sugerir.

El papel de la literatura como laboratorio experimental ha sido resaltado numerosas veces gracias a la ficción científica, a la especulación acerca de épocas futuras que luego nos ha tocado vivir. La crítica ha repetido hasta la saciedad su admiración por el talento anticipador de novelistas que han sabido incluir en sus fábulas las coordenadas básicas de un mundo que luego ha seguido las pautas allí enunciadas. Lo verdaderamente útil de la fábula como crisol experimental no es la anécdota del acierto en la anticipación técnica, sino el retrato, tanto puntual y directo como en negativo, capaz de trasmutar los colores de un mundo posible, ya sea futuro o actual. Es el hecho en sí de la búsqueda de compromisos humanos, de experiencias trágicas y de situaciones capaces de sacar a la luz de la siempre ambigua necesidad de optar ciegamente ante las necesidades del mundo que nos rodea o puede rodearnos, lo que compone el fresco de la literatura como laboratorio experimental. En realidad el valor de la literatura con experimento de conductas tiene poco que ver con las anticipaciones porque la conducta de los hombres sólo tiene pasado, presente y futuro en un sentido específico y limitado. Hay otros aspectos fundamentales de nuestra forma de ser que resultan, por el contrario, de una pasmosa permanencia, y nos permiten de tal forma conmovernos con una narración emocional radicalmente ajena a nosotros en términos temporales. Es el «hombre universal» el que tiene ese premio mayor de la fabulación literaria, en un taller experimental que no conoce ni fronteras ni tiempos. Son los quijotes, los otelos y los don juanes quienes nos enseñan que la fábula no es más que un ajedrez jugado mil veces distintas con las piezas que el destino puede en cualquier momento hacer aparecer.

Podría pensarse en la más absoluta de las determinaciones como sustrato de la pretendida libertad que estoy pregonando, y así sucedería sin duda alguna de no mediar la presencia de ese ser imperfecto, voluble y confuso que es el autor en tanto que hombre, en tanto que persona. La magia de un Shilock no hubiera jamás aparecido sin el bardo genial cuya dudosa memoria es mucho más inconsciente, por supuesto, que la del personaje a quién proporcionó la vida y privó al alimón de la muerte. ¿Y qué decir de los anónimos clérigos y juglares de los que no conservamos más que el resultado de su talento? Sin duda hay una cosa que merece ser recordada por encima de toda cuanta determinación sociológica o histórica quiera imponérsenos: que hasta el momento, y en la medida en que podemos imaginarnos el futuro de la humanidad, la obra literaria está estrechamente sujeta a la necesidad de un autor, de una fuente individual de aquellas intuiciones éticas y estéticas a las que antes me refería, como filtro de la corriente que sin duda procede de toda la sociedad que la rodea. Es esta conexión entre el hombre y la sociedad la que mejor expresa quizá la propia paradoja del ser humano sujeto al orgullo de su condición de individuo y amarrado, a la vez, a una envoltura colectiva de la que no puede desembarazarse sin riesgo de locura. Cabría extraer una posible moraleja: la que señalaba los límites de lo literario como aquellos que constituyen precisamente las fronteras de la naturaleza del hombre y enseñan más allá de la condición, idéntica por otro lado de dioses y demonios. Nuestro pensamiento puede imaginar los demiurgos, y la facilidad de las culturas humanas para inventar religiones es una muestra cierta de ello; nuestra capacidad para la fábula puede proporcionar la base literaria útil para ilustrarlas, cosa que desde los poemas homéricos no hemos dejado de hacer. Pero ni siquiera de esa forma podríamos llegar a confundir nuestra naturaleza y acabar de una vez por todas con la tenue llama de libertad que late en la conciencia íntima de un esclavo a quien se puede obligar a obedecer, pero no a amar, y a sufrir hasta la muerte, pero no a cambiar sus pensamientos profundos.

Cuando el ciego orgullo racionalista fue capaz de renovar en los espíritus ilustrados la tentación bíblica, la sentencia última que prometía «Seréis como dioses» no tuvo en cuenta que el ser humano había conseguido ya ir mucho más lejos por ese camino. Las miserias y los orgullos que habían jalonado durante siglos la tarea de volverse como dioses había ya enseñado a los hombres una lección mejor: que mediante el esfuerzo y la imaginación podían llegar a ser como hombres. Y no puedo dejar de proclamar, con orgullo, que en esa tarea, por cierto pendiente en una parte bien considerable, la fábula literaria ha resultado ser una herramienta decisiva en todo tiempo y en cualquier circunstancia: un arma capaz de enseñarnos a los hombres por dónde puede seguirse en la carrera sin fin hacia la libertad.

Discurso de Francisco Umbral.
Premio Cervantes 2000

Señor. Señora. Dignísimas autoridades. Señores académicos. Queridos Amigos.

Yo, como don Quijote, me invento pasiones para ejercitarme. Esta gentil declaración de Voltaire encierra, me parece a mí, la más fina y sutil interpretación de Cervantes. Porque Don Quijote no está loco y Cervantes mucho menos, eso lo sabemos desde el principio del libro. Don Quijote es hidalgo cincuentón y soltero que, llegado a ese ápice de la vida, decide pegar el salto cualitativo y cambiar la realidad de los libros por la irrealidad de la vida, mucho más palpitante y vibrátil de lo meramente escrito. Don Quijote principia, o casi, por hacer realidad una metáfora, los molinos que se parecen a los gigantes, y arremete contra una realidad literaria que le desbarata, como tantas otras le van a desbaratar a lo largo de su nuevo camino. Pero aprendamos esto: que Don Quijote nunca se enfrenta sino contra metáforas del vivir, desface alegorías y yangüeses, o reposa en unos duques, de modo que la locura empieza con la realidad y no antes. Voltaire vio bien que el hombre en madurez o pega ese salto que digo o le toma ya la postura a la vida, que es la muerte, y no dará más de sí. Don Quijote acierta con ese momento en que se cambia de vida, de cabalgadura, de compañía (Sancho Panza) de curas y bachilleres, de dueñas y sobrinas, del mismo sol en las mismas bardas. Los libros que leía le estaban hurtando a la poesía de la acción con la poesía poética y mala de la dicción. Así que incluso se inventa, entre las pasiones militares y andantes, una nueva pasión amorosa, una moza lejana que viera en mercado, dejando que el propio amor la ascienda a princesa.

Es la primera lección que Cervantes nos da en su libro. La vida tiene una segunda parte que se correspondería con la tercera juventud de Aristóteles. Es él, Cervantes, quien rompe con la mediocridad de su vida, pálidamente enaltecida de glorias bélicas, para emprender un libro donde está su rabia por el mundo, su energía al fin liberada al servicio de sí mismo, no ya la energía domeñada y servil del alcabalero y otras suertes. Cervantes es irónico por anacrónico. Ha empezado tarde su aventura y lo sabe.

El Quijote no es el libro que vive sino la vida que no ha vivido, y no nos pone a su personaje como ejemplo de nada ni hidalguía de nadie, sino como caso singular de hombre que se decidió a pegar el salto y ese salto quien lo pega es él mismo en figura de Quijote, e incluso se lo hace pegar a un pobre borriquero hecho de perezas y conformidades, siendo así que Sancho nunca pierde el sentido, ese inútil y pobre sentido común del pueblo, pero tampoco pierde la ironía y la distancia para burlarse de su amo con todos los respetos. Don Quijote entra en su nueva edad como un escándalo y Sancho pasa todas las aduanas como un saco de centeno. Tenemos, entonces, el salto desdoblado en tres. Cervantes que roba la fama con un libro, Don Quijote que toma por asalto la libertad del vivir más allá de la edad y la voluntad. Sancho, que primero a regüeldo y luego a pleno pulmón, vive vida de caballero andante sin haber leído tales libros. Es la primera rebelión española del intelectual aburguesado, la primera revolución burguesa del hidalgo antecedente y el primer motín del castellano pueblo, un motín de uno solo, Sancho, que vale todos los que vendrán. Aún hoy, y hoy más que nunca, el hombre que no hace esa revolución interior, que no pega ese salto vecinal, será comido por el poder, amortajado por lo establecido y muerto de asco.

España dio el salto quijotesco, porque Don Quijote es la metáfora de España, sí, pero no en el sentido festival y dominical en que lo dicen quienes suelen. España se inventa pasiones para sobrevivirse a sí misma, para ser algo más que una majada bien regida y una provincia del latín que llamaremos castellano. La pasión de América, la pasión del Imperio, la pasión de Europa, la pasión del mundo mueven Españas y nos ponen a la cabeza del siglo, de los siglos. Hay una luz monárquica y difusa alumbrando las batallas, y hay una luz popular y ambiciosa embriagando a las gentes. España todavía no tiene agujetas de Imperio sino que quiere llegar a Carlos V, quiere escorializarse en Felipe II, quiere parir su gran Barroco, del que viene preñada, porque la pasión de España, antes que mística o ambiciosa es una pasión creadora, un movimiento de plebes y reyes hacia la expresión tectónica y violenta de eso que Stendhal definiría como el último pueblo con carácter propio que le queda a Europa.

España no es un compromiso burgués, como Sartre nos dice del hombre mismo y como lo son Francia y otros estados. España es un compromiso guerrero por afirmarse, por difundirse, por existir, por cumplir sus pasiones imposibles y, en suma, por ejercitarse. Los españoles aman la vida por la vida, no por la mística ni el decoro, y varias generaciones y tres siglos viven enamorados de Aldonza Lorenzo, la ríspida y dulce Dulcinea, que a cada uno espera a la vuelta, como el pequeño Ulises que es.

Hay tres razones para ser héroe, como diría Salvador Dalí. En Cervantes, estas razones son el inventarse pasiones, la capacidad de ejercitarse contra el tiempo y el haber roto con el compromiso burgués de la novela y de la vida. El hombre que se inventa pasiones es tan héroe o más como el que las vive. El hombre que se ejercita a diario, no sabemos si para la vida o para la muerte, es el que quiere agotarlo todo aquí y, como decía Juan Ramón Jiménez, que la muerte cuando llegue, sólo encuentre un pellejo vacío, porque nuestra sementera humana la hemos esparcido fecundamente. Por aclarar un poco las cosas, diremos que Don Quijote, efectivamente, es un personaje de novela, pero donde veo yo al hombre metafórico es en Cervantes, que nos da el nivel medio del hombre español, siempre de santo laico, de héroe doblado o de comunero entre el pueblo. Queremos a Cervantes no tanto por ilustre como por hombre medio que roza irónicamente el fracaso para triunfar de la España oficial con su España real, habitada de mozas y domadores, de explotadores y manteadores, de duques aleves y amores imposibles.

La novela de caballerías era un compromiso burgués con los burgueses de entonces, que se llamaban hidalgos. Compromiso económico, literario, cultural, mercado de fantasías, toma y daca de sueños anacrónicos. Siempre ha habido en estos países europeos una cultura de pícaros que ha tenido como rehén al buen burgués perezoso. Esta continuidad en lo mediocre la rompe el barroco, la rompe Cervantes, la rompe el 98, la rompe el 27, la rompe siempre una juventud venidera, y el heroísmo irónico de Cervantes está en hacer él solo la revolución de los jóvenes cuando ya es un viejo. Admitamos prudentemente que España es un país de clases medias, también en lo intelectual, y con ellas pacta el escritor o el artista por conveniencia, supervivencia y acomodo. Este pacto es lo que explica la tardanza de nuestro país en algunos momentos de la historia, pero ya vemos que esa tardanza se resuelve de pronto con un libro, con una espada, con un caballero andante. Cervantes, sí, viene a romper el compromiso burgués de la novela de caballerías, abriendo brecha para una nueva literatura, que es la de Quevedo, Torres Villarroel, etc. El público de Lope era la plebe de los corrales de comedias. El público del novelista eran los hidalgos o feudales en decadencia que tenían letras y leían malos libros. Después de Cervantes, no siendo él barroco sino renacentista, el barroquismo no es ya sólo una figura sino también una corriente, y en ella están Góngora, los citados Quevedo y Torres, el teatro de Calderón y la imaginería religiosa que levanta una contrarreforma tardía históricamente, pero madura y otoñal en Berruguete y en toda la lujuria católica de un ritualismo que se ha quedado vacío y por eso puede dedicarse gratuitamente a la forma por la forma, cosa que ya no podemos sino llamar modernidad.

He ahí la herencia de Cervantes, el hombre que puso España patas arriba, vio arder la cultura vieja y murió con el sol en las bardas como su personaje. Cervantes es la modernidad por todo lo que se ha dicho y por sus dos máquinas de guerra: un hidalgo y un fantoche llenos de sol y viento. Con sólo esa artillería pone en pie las Españas, deja la revolución por donde pasa, un rastro de justicia, de ley, de reinado, que serviría de regocijo a los lectores, pero ese regocijo es curativo y predispone, como vemos, a mayores mudanzas. El hombre que se inventa pasiones para ejercitarse, encuentra luego en la vida que esas pasiones son reales, que Dulcinea existe, siquiera como Aldonza, y que la renovación personal y total hay que hacerla en serio. Cervantes empezó ejercitándose contra sí mismo y acaba por ejercitarse contra los demás, trastornando todas las vidas por donde pasa e incluso escribiendo una segunda parte de su libro porque follones y malandrines se lo piratean y porque la España oficial u oficinesca le resta el prestigio ganado e ignora la validez de su reforma. El autor se inventa un segundo libro sobre el que ya escribiera, como se inventa una segunda vida erguida y atroz, por sobre su vida de soldado, alcabalero, palaciego frustrado y pobre hidalgo manchego. Antes que los grandes de su siglo rompe con el compromiso burgués de la literatura y saca una novela que Unamuno llamó Biblia de España. Cervantes es vanguardia, como vanguardia es rebeldía y como rebelde deja herencia. Nadie en nuestra entraña progresista ha renegado de él, aunque muchos lo hayan utilizado como tintero de oro de sus escribanías inquisitoriales.

Sólo tenemos el presente, los hombres templados, y presente purísimo, activísimo, es la vida de Cervantes, Don Quijote y Sancho Panza, con sus caballos y rucios. Sólo a eso hemos venido aquí. A conquistar el presente para todos.

Discurso de Winston Churchill.
5 de marzo de 1946

Se presenta ahora una oportunidad clara y brillante para nuestros países respectivos. Negarse a admitirla, o dejarla marchitarse, nos haría incurrir durante mucho tiempo en los reproches de la posteridad (...) la edad de piedra puede presentarse bajo las alas deslumbrantes de la ciencia (...) Tened cuidado, os digo, es posible que apenas quede tiempo (...)

Desde Stettin, en el Báltico, a Trieste, en el Adriático, ha caído sobre el continente un telón de acero. Tras él se encuentran todas las capitales de los antiguos Estados de Europa central y oriental (...), todas estas famosas ciudades y sus poblaciones y los países en torno a ellas se encuentran en lo que debo llamar la esfera soviética, y todos están sometidos, de una manera u otra, no sólo a la influencia soviética, sino a una altísima y, en muchos casos, creciente medida de control por parte de Moscú (...) Por cuanto he visto de nuestros amigos los rusos durante la guerra, estoy convencido de que nada admiran más que la fuerza y nada respetan menos que la debilidad (...) Es preciso que los pueblos de lengua inglesa se unan con urgencia para impedir a los rusos toda tentativa de codicia o aventura.

Westminster College, Fulton, Missouri
5 de marzo de 1946

Discurso de Stalin en contestación al de Churchill. 13 de marzo de 1946

(...) Churchill está tomando ahora el camino de los belicistas, y en éste Churchill no está solo. El tiene amigos no sólo en Gran Bretaña, sino también en Estados Unidos.

Una puntualización debe ser hecha con respecto a Churchill y sus amigos, pues tiene un impresionante parecido a Hitler y sus amigos (...) Churchill parece haber desencadenado una guerra con su teoría sobre la raza, afirmando que sólo las naciones de habla inglesa son naciones superiores, y que ellas están llamadas a decidir los destinos del mundo entero (...)

Las siguientes circunstancias no pueden ser olvidadas. Los alemanes hicieron la invasión de la URSS a través de Finlandia, Polonia, Rumania, Bulgaria y Hungría. Los alemanes pudieron hacer la invasión a través de estos países, porque al mismo tiempo tenían gobiernos hostiles a la Unión Soviética. Como resultado de la invasión alemana, en la lucha y a través de la importación de ciudadanos soviéticos como servidumbre alemana, la Unión Soviética perdió un total de siete millones de personas.

En otras palabras, la Unión Soviética perdió vidas que juntas representan más que las de Gran Bretaña y Estados Unidos. Posiblemente en algunos lugares existe una inclinación en el sentido de olvidar estos colosales sacrificios del pueblo soviético, con el fin de asegurar la liberación de Europa del yugo hitleriano. Pero la Unión Soviética no puede olvidarlo. Y así es sorprendente que se critique el hecho de que la Unión Soviética, ansiosa por un futuro seguro, esté intentando que existan en estos países gobiernos leales a las actitudes de la Unión Soviética. ¿Cómo puede cualquiera, que no ha tenido en cuenta estos sentimientos, describir estas aspiraciones pacíficas de la Unión Soviética como tendencias expansionistas en esta parte de nuestro Estado?

No sé de calumnia, descortesía y falta de tacto, si él y sus amigos van a lograr organizar una nueva campaña armada contra la Europa oriental tras la Segunda Guerra Mundial; pero si lo logran (cosa poco agradable, porque millones de personas velan por la paz) podemos afirmar con entera confianza que serán aplastados como lo fue ron hace veintisiete años.

Discurso de Stalin
13 de Marzo de 1946

Discurso de investidura
Nelson Mandela 1994

Nuestro miedo más profundo es reconocer que somos inconcebiblemente poderosos. No es nuestra oscuridad, sino nuestra luz, lo que más nos atemoriza. Nos decimos a nosotros mismos: «¿Quién soy yo para ser alguien brillante, magnífico, talentoso y fabuloso?». Pero en realidad, ¿quién eres tú para no tener esas cualidades? ¡Eres un hijo de Dios!

Empequeñeciéndote no sirves al mundo. No tiene sentido que reduzcas tus verdaderas dimensiones para que otros no se sientan inseguros junto a ti. Hemos nacido para manifestar la Gloria de Dios, que reside dentro nuestro. Y Él no habita únicamente en algunas personas. Habita en todos y cada uno de nosotros. Y a medida que permitimos que nuestra luz se irradie, sin darnos cuenta estamos permitiendo que otras personas hagan lo mismo. Al liberarnos de nuestros propios miedos, nuestra presencia automáticamente libera a otros.

Bibliografía

ALBALADEJO, TOMÁS. *Retórica*. Editorial Síntesis (1993).

BALLESTEROS DE LA PUERTA, J. *El puzzle. Descubre el comunicador que llevas dentro.* Temas de Hoy. Madrid (2002).

Bibliografía